JN021877

# インボイスは

**消費税の嘘がよくわかる本**

# は廃止一択

## 犬飼 淳

皓星社

# はじめに

　2023年10月1日、インボイス制度が開始された。街中でも駐車場、コンビニ、郵便局、飲食店など様々な場所でインボイスを発行できるか明記されるようになった。多くの会社員は経費精算が面倒臭くなったことも実感しているだろう。このインボイス制度の導入理由として政府は「複数税率下（消費税8%と10%）で適切に課税するため」「税の公平性のため（＝免税事業者が預かり金である消費税をネコババすることを防ぐため）」という趣旨の説明を繰り返している。

　しかし、実はこの説明は真っ赤な嘘。インボイス制度にまともな導入根拠は存在せず、実態は単なる増税である。この本質を制度開始前に市民団体「インボイス制度を考えるフリーランスの会」（以降、通称「STOP! インボイス」と記載）や専門家（税理士）は繰り返し訴えたが、国内の大手メディア（テレビ・新聞）は黙殺。ほとんどの国民は実態を知らぬまま導入は強行されてしまった。

「なぜ、ここまで百害あって一利なしの制度を止められなかったのか？」

　本書は、約2年間にわたって反対運動の現場に密着し、自らも問題点を報じ続けた筆者がこの疑問に答える一冊とする。特に以下のような読者に対して、インボイス制度（消費税）の問題点や反対運動の歩みをお伝えしたい。

- ・サラリーマンや経理担当者などインボイス制度導入後に自らも当事者であることに初めて気付き、インボイス制度に疑問を持ち始めた層
- ・問題だらけのインボイスが強行された背後にある政治やメディアの機能不全に関心を持つ層
- ・消費税に疑問を感じ始めた層

　ちなみに2024年1月現在、インボイスをテーマに出版された書籍はどれもがインボイス制度の継続を前提としたハウツー本。本書はそれらとは一線を画し、インボイス制度は一刻も早く中止すべき欠陥品であることを包み隠さず指摘していく。

# 目次

※クレジットのない図表・写真は筆者によるものです

# 第 1 章

# 2023年10月、密かに始まった増税

制度開始後、インボイス対応の領収書を発行できることを幟で
大々的にアピールする駐車場（2024年3月撮影）

# 本質は弱い立場への税の押し付け合い

## インボイスとは何か

　政府が 2023 年 10 月から開始したインボイス制度。年収 1000 万円以下のフリーランス、個人事業主、零細企業の収入を大幅に減少させることは確実で、廃業に追い込まれる恐れもある。

「でも、自分はフリーランスでも個人事業主でもないから関係ないでしょ？」

「自分は会社員で、勤務先は大企業だから関係ないでしょ？」

　制度開始前はこのように考えていた人も多かっただろうが、それは大間違い。インボイスは全ての国民に経済的にも精神的にも深刻な悪影響を与える。

　インボイスを全く知らない方のためにおさらいすると、インボイスとは適格請求書ともいい、売り手（発注先）が買い手（発注元）に対して発行する。このインボイスは課税事業者（従来は年間売上高 1000 万円超が対象）にならないと発行できない。これまで免税事業者（年間売上 1000 万円以下）だった事業者がインボイス発行のため課税事業者に切り替わると、年間売上高 1000 万円以下であっても消費税を納めなくてはならない。一概には計算できないが、目安としては年間売上の約 5% の納税が新たに発生することになる。

（例：年間売上 300 万円であれば 15 万円程度、年間売上 900 万円であれば 45 万円程度）

## 仕入税額控除の仕組み

　そもそも、なぜインボイスの発行が求められるかというと、「仕入税額控除*」という仕組みと深く関係する。この仕入税額控除はインボイスの問題を理解する上で必要不可欠な知識のため、3 者の事業者が順（免税事業者 A →課税事業者 B →課税事業者 C）に商品・サービスを提供していると仮定して、仕組みを説明する。事業者 B の視点で現状の仕入税額控除を図解した結果が【図 1】だ。

　仕入税額控除では、事業者 B が消費税額を算出する際、売上に係る消費税

---

*説明の便宜上、1章～2章の仕入税額控除の図解では末端の支払金額が消費税を含むように見えるが、厳密には不正確。詳しくは、4章（P71）の【図12】で改めて説明

（3000円）から仕入に係る消費税（1000円）を差し引くことができる。これによって、課税事業者Bは納税額を抑えることができる。そして、免税事業者からの仕入であっても仕入税額控除で差し引くことが認められていた。

しかし、インボイス導入後（【図2】）は様相が一変。

## 【図1】 インボイス導入前の仕入税額控除

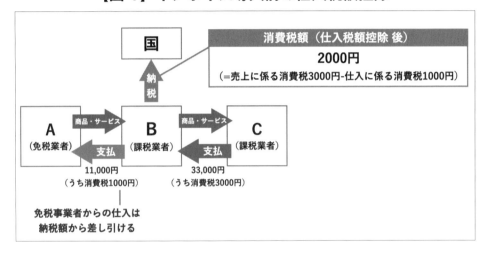

## 【図2】 インボイス導入後の仕入税額控除

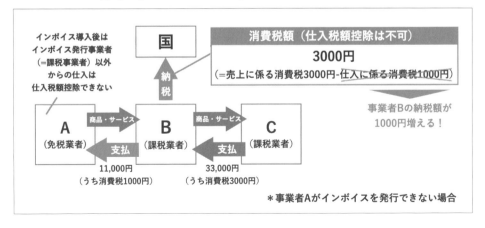

　インボイス発行事業者（＝課税事業者）以外からの仕入は仕入税額控除できなくなるため、課税事業者Bの納税額は1000円増える。この例では計算を簡単にするため仕入額は11,000円と少額に設定したが、実際は年間売上のためさらに高額になる。例えば仕入額が100倍の110万円の場合、納税額は10万円も跳ね上がる。

## 税の押し付け合いが発生

　このような状況になれば、事業者同士で「税の押し付け合い」が発生するのは必然。一般的には買い手である課税事業者Bの立場が強いため、課税事業者Bは免税事業者Aに地獄の3択（インボイス発行事業者登録、10%相当分の値引き、取引停止）を迫る。免税事業者Aはただでさえ年間売上1000万円以下の零細事業者なのに、どの選択肢を選んでも収入が減少し、最悪の場合は廃業に追い込まれる。例外としては、免税事業者Aが課税事業者Bより力関係が強い場合（BはA以外に取引の選択肢が無い、Aが超売れっ子 等）は減額交渉が成立せず、【図2】の通り課税事業者Bが増税分を負担することはあり得るが、これは極めて稀なケース。つまり、「税の押し付け合い」は正確には「弱い立場への税の押し付け合い」と言える。

# あらゆる取引で弱い者がさらに弱い者を叩く

　インボイスをめぐる問題は大きく3点あると筆者は認識している。
①弱い立場への税の押し付け合い
②事務負担の増大
③個人情報の流出
　この3点の因果関係と実際に被害を受ける対象者を整理したのが【図3】だ。

## 【図3】 インボイス導入による被害の全体像

| 因果関係 | | 被害者 |
|---|---|---|

**1 弱い立場への税の押し付け合い**

| | | |
|---|---|---|
| 従来は免税事業者だった売り手がインボイス発行事業者（＝課税事業者）に登録する（＝買い手は仕入税額控除できる） | 売り手の税負担が増える（＝収入が減る）＊年間売上の5％相当 | 売り手 |
| | 増税負担を売り手と買い手が押し付け合う（代金の減額交渉、双方で折半、代金据え置きで買い手が負担、等） | 売り手と買い手で力関係が弱い方（一般的には売り手） |
| 従来は免税事業者だった売り手がインボイス発行事業者（＝課税事業者）に登録しない（＝買い手は仕入税額控除できない） | インボイスを発行しない事業者は市場から排除 | 売り手 |

**2 事務負担の増大**

| | | |
|---|---|---|
| インボイスの様式は従来と大差ないが、買い手に多くの事務作業が要求される | 無駄な事務作業が大量に発生（全ての請求書をインボイスとそれ以外に分ける、内訳で軽減税率とそれ以外に分ける、初めての取引ではインボイス登録番号の有効性を確認する、等）※従来は記帳のみでOKの3万円未満の立替経費も対象（公共交通機関、自販機の利用等は例外） | 全てのインボイス発行事業者 |

**3 個人情報の流出**

| | | | |
|---|---|---|---|
| 買い手がインボイス登録番号の有効性を確認する際、必須項目（登録番号・氏名等）だけでは同姓同名の事業者と見分けがつかない ※番号の誤りが発覚した場合、買い手は追加支払のリスクを負う | 買い手から任意項目（事務所所在地、屋号）の追加登録を依頼される可能性がある | 氏名と屋号（芸名・ペンネーム）がセットで公開され、隠していた本名がバレる | 芸名・ペンネームのクリエーター |
| | | 氏名と屋号・事務所所在地（個人事業主は自宅住所を兼ねる場合が多い）がセットで公開され、事業内容や居場所がバレる | 本名を知る相手（家族、元パートナー、ストーカー、カルト宗教）から逃げる個人事業主 |
| | | | 有名人（Jリーガー、アイドル等） |
| インボイス発行事業者の登録情報は全件ダウンロードが実質的に可能（*1） |  | 氏名検索だけで、隠していた副業がバレる ※事務所所在地、屋号を公開すれば同姓同名の別人という言い訳は通用しにくいため | 本名を知る相手（家族、勤務先等）に副業を伏せている個人事業主 |

*1　懸念を受けて2022年9月に国税庁は仕様を改善したと発表したが、対策が杜撰過ぎて簡単なプログラムを利用するだけで全件ダウンロード可能と2023年2月に発覚

## ①弱い立場への税の押し付け合い

　3点の中で最も深刻でインボイスの問題の本質と言えるのは、やはり「①弱い立場への税の押し付け合い」だ。①で非常に厄介なのは、対象となる売り手と買い手の組み合わせのパターンが無数に存在すること。2022年9月時点で筆者が認識していた主な例をざっと整理しただけでも、【表1】のように大量に存在する。「Aがフリーランス」の場合は本人にも早い段階から自覚があっただろうが、「Aに形式的な所属先はあるが、個人事業主扱い」の場合は自分が対象者だと十分に自覚すらしないまま制度開始を迎えてしまった人もいたと考えられる。あまりにも対象が多いため【表1】では省略したが、意外な例としては弁護士がフリーランス・個人事業主で依頼人が課税事業者の場合はAの立場に当てはまる。

## 【表1】 売り手と買い手の組み合わせパターン

| 分類 | | 具体例 | |
|---|---|---|---|
| | | A（売り手） | B（買い手） |
| A：年収1千万円以下の免税事業者<br>B：課税事業者 | Aがフリーランス | 作家、ライター、編集者、校正者、デザイナー、カメラマン、漫画家 | 出版社 |
| | | 一人親方 | 工務店・建設会社 |
| | | その他 あらゆるフリーランス（エンジニア、アニメーター、声優、俳優、音楽家 等） | 課税事業者全般 |
| | Aに形式的な所属先はあるが、個人事業主扱い | 高齢者 | シルバー人材センター |
| | | プロスポーツ選手（Jリーガー等） | 所属クラブ |
| | | ホステス | 所属店舗 |
| | | ヤクルトレディ | ヤクルト |
| | | 保険外交員 | 保険代理店 |
| | | 音楽講師<br>*生徒と音楽教室が契約する場合は対象（音楽教室が仕入税額控除するため）だが、生徒と講師が直接契約する場合は対象外（講師が年収1000万円超の課税事業者にならない限り、仕入税額控除不要のため） | 音楽教室<br>*音楽以外のジャンル（ダンス、英会話、スポーツ、美術等）でも同様 |
| | | フードデリバリー配達員 | 運営会社（ウーバー、出前館、ウォルト等） |
| | Bが経費精算を要する | 個人タクシー | 課税事業者全般<br>*会社員を含む<br>*インボイスを理由に課税事業者になった<br>　年収1000万円以下の事業者を含む |
| | | 飲食店 | |
| | | その他 経費精算を要する取引がある全ての事業者（企業の健康診断を対応する診療所、駐車場経営者、大家、書店、文具店、衣料品店、小売店全般 等） | |
| | その他 | 農家 | 産地直売所・飲食店 |
| | | ECサイト出品者（Amazon等）<br>*AmazonBusinessは出品者がインボイス発行事業者か識別すると告知済み | ECサイト購入者<br>*購入者が課税事業者以外の場合は対象外（仕入税額控除の必要が無いため） |
| A：法人<br>B：課税事業者 | | 地方公共団体<br>*水道料、ゴミ処理手数料が該当<br>*施設（ホール、体育館、会議室等）使用料等の場合は間に指定管理者を挟み、地方公共団体と指定管理者の両方がインボイスを発行する場合もあり | 課税事業者全般<br>*他に取引先の選択肢が無いため 売り手の立場が強くなり、買い手が不利益を被る恐れあり |

*上記はあくまでも2022年9月時点で筆者が想定した主な例に限る。実際はこの他にもあらゆる業種・職種が対象に含まれる

　また、「Bが経費精算を要する」場合、あらゆる業種の会社員もインボイスを要求する側として当事者になる。A（売り手）からインボイスを発行してもらわないと納税額が増えるため「インボイス発行できない取引先（個人タクシー・飲食店・小売店 等）は経費精算不可」と会社が定めることは制度開始前から容易に想像することができ、現に制度開始後に多くの企業で現実となった。タクシーや飲食店を業務利用する際、まず最初に「インボイス発行してますか？」と確認しなければならず、会社員にとっても非常に面倒臭い状況になったのだ。

　まだ制度への理解が浅かった2022年9月頃から一貫して筆者はこの問題点を伝える際、俳優のオダギリジョー氏が長年出演するAirPAYのCMシリーズでお馴染みのやり取りをアレンジしていた。

「クレジットカード使えますか？」
「うち、現金だけなんで」
「じゃあ、いいですぅ～」

　この最初のセリフが、「インボイス発行できますか？」に変わると言えば、どれだけ滑稽な状況になるのか大半の方には理解して頂けた。そして、残念ながら制度が開始されてしまった現在、「インボイスを発行できない」という答えが返ってきた瞬間、会社員はその相手からどんなに買いたくても「じゃあ、いいですぅ～」と立ち去らざるを得なくなった。

## いじめられっ子がいじめっ子に豹変

　また、商取引は食物連鎖のように繋がっていくため、場面によってはA（売り手）がB（買い手）になることが問題をさらに深刻にする。例えば【表1】でA（売り手）に例示されていた年収1000万円以下の個人事業主がインボイスを理由に課税事業者にならざるを得なかった場合、経費精算を要する取引では自らがB（買い手）の立場になる。自らが仕入税額控除するため、自らも要求されて苦しめられたインボイスを今度はA（売り手）に対して要求する立場になる。いじめられっ子がいじめっ子に豹変したかのように、弱い者がさらに弱い者を叩く。これこそが

インボイス制度の本質だ。

　例えば、ホステス → 勤務先の店舗 → 業務で利用した会社員 の例を図解すると【図4】のようになる。

　中央の飲食店の立場で考えると、ホステスがインボイスを発行できないと自らの納税額が増えてしまうし、自らがインボイスを発行できないと来店した会社員の勤務先の納税額が増えてしまう。【表1】で示した通りこうした組み合わせは無数に存在するため、インボイス導入後はあらゆる事業者間で「インボイス発行できる？」が合言葉になり、事業者同士の関係悪化を招く。

### 〈売り手と買い手を兼ねる他の例〉

　小売店 → 業務用の備品を購入した作家 → 作家の取引先である出版社
　農家 → 農家から直接仕入れた飲食店 → 飲食店を業務利用した会社員

　また、例外的なケースとしては地方公共団体（水道料、ゴミ処理手数料、施設利用料など）もA（売り手）に当てはまる。この場合はB（買い手）に他の取引先の選択肢が基本的に無いためA（売り手）の立場が必然的に強くなり、B（買い手）は様々な負担を強いられる恐れがある。

## 【図4】インボイス導入後の仕入税額控除（ホステス→飲食店→会社員）

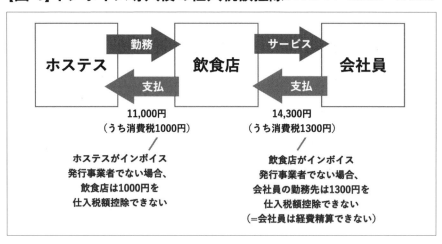

## ②事務負担の増大

　次に「②事務負担の増大」は、売り手か買い手かにかかわらず、あらゆる事業者が不利益を被る。インボイス導入後は、請求書1枚ずつに対して無駄な業務（全ての請求書をインボイスとそれ以外に分ける、内訳で軽減税率とそれ以外に分ける、初めての取引ではインボイス登録番号の有効性を確認する等）が発生。しかも、従来は記帳のみでOKだった3万円未満の立替経費も対象になる。つまり、どんなに少額な取引の請求書であっても、これらの事務処理が発生する。例外は公共交通機関、自販機の利用などに限られる。

　　〈インボイス交付義務が免除される例〉
　　　3万円未満の公共交通機関（船舶、バス又は鉄道）による旅客の運送
　　　出荷者等が卸売市場において行う生鮮食料品等の販売（出荷者から委託を受けた受託者が卸売の業務として行うものに限ります。）
　　　生産者が農業協同組合、漁業協同組合又は森林組合等に委託して行う農林水産物の販売（無条件委託方式かつ共同計算方式により生産者を特定せずに行うものに限ります。）
　　　3万円未満の自動販売機及び自動サービス機により行われる商品の販売等
　　　郵便切手類のみを対価とする郵便・貨物サービス（郵便ポストに差し出されたものに限ります。）
　　出典：国税庁「インボイス制度に関するQ&A」問41 適格請求書の交付が困難な取引として、交付義務か免除される取引にはどのようなものがありますか。【令和5年10月改訂】(2024年1月26日確認)

　こうした面倒な事務処理を課される対象は全てのインボイス発行事業者（＝課税事業者）に及ぶ。本来は免税事業者で、インボイス導入をきっかけに課税事業者に切り替えた事業者も対象なので、年間売上が1000万円以下か否かは無関係。一部の大企業はシステムである程度は効率的に対応できる可能性はあるが、それでも本来は不要なIT投資を強いられる。その余裕が無い中小・零細事業者は事務処理が増えて確実に疲弊する。システムを提供するSIer（システムインテグレーター）は一時的に特需の恩恵を受けるだろうが、そのSIerですら無駄な事務処理を課される点は同じで、誰も得しない。

## ③個人情報の流出

　最後の「③個人情報の流出」は増税という問題の本質から外れるため本書では詳しい説明は割愛するが、【図 3】で示した通り芸名・ペンネームで活動するクリエーター、事情があって本名を知る相手（家族、元パートナー、ストーカー等）から逃げる個人事業主などは、現状の仕組みでは本名バレ・居場所バレを引き起こす恐れがある。そのためインボイス発行事業者に登録できず、廃業や報酬減額を受け入れざるを得ない状況を生み出している。しかも、懸念を受けて国税庁は 2022 年 9 月に仕様を変更して問題を改善したといったん発表したにもかかわらず、その対応がザル過ぎて、実際は解決していないことが 2023 年 2 月に発覚。しかし、国税庁は欠陥を放置したまま制度開始を迎えてしまった。この問題はインボイス事業者公表サイトの仕様を詳しく説明する必要があるため、詳細を知りたい場合は筆者が theLetter「犬飼淳のニュースレター」で公開した「インボイス個人情報問題の国税庁対応はザル。今も氏名を含む全件データは取得可能（2）」（2023 年 2 月 5 日）を参照頂きたい。*

## 更なる物価上昇を招く、悪影響の連鎖

　これら 3 つの問題による悪影響が極めて広範囲に連鎖していく流れを【図 5】に整理した。あらゆる業種の事業者の収支が悪化し、小規模の個人事業主の廃業によって市場の寡占化が進行。それによって適正な価格競争が阻害されれば、物価上昇という形で確実に国民は経済的に貧しくなる。事業者間の不公平感、顧客と事業者の関係悪化、ファンとして楽しんでいた商品・サービスが次々に消滅していき、国民は精神的にも貧しくなる。つまり、インボイスで不利益を被るのはフリーランスや個人事業主だけではない。あらゆる業種の会社員・法人はもちろんのこと、巡り巡って消費者である一般国民も経済的・精神的に深刻な被害を受ける。不利益を一切被らない国民は誰一人として存在しないのだ。

　ちなみに、この【図 5】を筆者が書き起こしたのは 2022 年 9 月。残念ながら、こうした実態が広まることなく 2023 年 10 月の制度開始を迎えてしまったわけだが、ここに書いてあることが次々と現実になっていることは読者の多くも実

---

* 本書ではこれ以降もウェブサイトを紹介する際、URL ではなくサイトや記事の名称のみを記載する。読者にとっても URL を手入力するのではなく、名称で検索した方が効率的と考えられるため。

感しているのではないだろうか？　筆者の例では、2023年の暮れに近所の飲食店を予約しようと探したところ、小規模ながらも地域で評判が高かった家族経営の店がことごとくインボイス開始前後に廃業していたことに気付き、愕然としたことがある。結局、予約したのはチェーン店。このように、飲食店に限らず小規模ながらも唯一無二の価値を生み出していた事業者は市場から静かに姿を消し、消費者の選択肢は画一的な大規模事業者に狭められていく。さらに恐ろしいのは、まだ制度が始まったばかりということ。今後、事務負担や納税額の増大による収支悪化が本格化すれば、物価上昇や廃業はさらに進む。つまり、私たちはまだ地獄の入り口に立ったばかりなのだ。

## 【図5】インボイス導入後の悪影響の連鎖

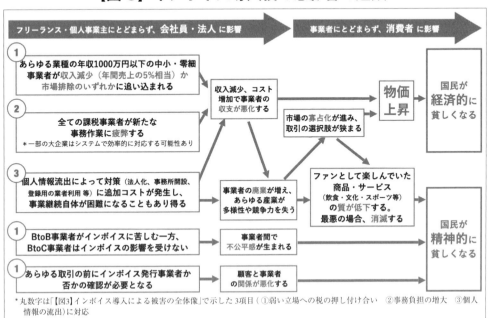

* 丸数字は「【図3】インボイス導入による被害の全体像」で示した3項目（①弱い立場への税の押し付け合い　②事務負担の増大　③個人情報の流出）に対応

# 第2章
# 増税を強いられる業界は無限大

2023 年 6 月 14 日 STOP! インボイス 国会前デモでスピーチする野菜農家の齋藤敏之氏

# 日本の食を支える農家、産地直売所、飲食店が潰れる

　1章で説明した仕入税額控除の可否の変化に伴う納税額増加について、各業界で何が起きるのか。2章では業界ごとに具体的に紹介していきたい。

## 産直所・飲食店の仕入税額控除の変化

　まず最初に、農家から農産物を直接仕入れて消費者に販売する産地直売所や飲食店を例に挙げる。インボイス導入前は、産地直売所や飲食店が国に納税する際、仕入先の農家が免税事業者であっても支払った金額を仕入税額控除できていた。しかし、インボイス導入後は仕入先の農家がインボイス発行事業者（＝課税事業者）にならずインボイスを発行できない場合、産地直売所や飲食店は仕入税額控除できなくなる。つまり、【図6】に整理した通り仕入時の支払金額に相当する税を差し引きできなくなり、納税額が増大する。

## 【図6】産地直売所・飲食店から見た納税の変化

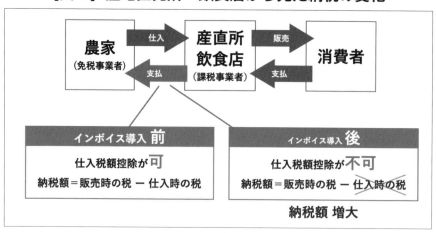

　例えば、ある産地直売所の納税負担がインボイス導入後にどのように変化するのかを試算したところ、実に960万円の増税になるという試算も出されていた。

**前提条件：**年間売上 約3億円、売上に係る消費税 約2400万円、課税農家からの仕入消費税額960万円、免税農家からの仕入消費税額960万円

**〈インボイス導入前〉**

売上に係る消費税2400万円−（課税農家からの仕入れ消費税額960万円＋免税農家からの仕入れ消費税額960万円）=480万円

**〈インボイス導入後〉**

売上に係る消費税2400万円−課税農家からの仕入れ消費税額960万円 =1440万円

試算の引用：新聞「農民」2021年6月21日記事「営農破壊のインボイスは中止せよ」

　要は、免税農家からの仕入れ消費税額にあたる960万円が仕入税額控除できなくなるため、その金額がそのまま増税となる。こうした事態に対して政府はどのような措置を講じるのか。実は2022年2月19日の時点で国会（衆議院財務金融委員会）で共産党・田村貴昭議員は先ほどの試算結果に基づいて、自民党・武部新 農水副大臣に具体的に質問していた。以下、その質疑を抜粋する。

　**田村貴昭 議員**　この産直センターはこれでは経営が継続できないと訴えている。どうすればこうした新たな負担なく事業を継続することができるのか。このような事業に対してどういう措置が講じられるのか。

　**武部新 農水副大臣**　田村先生の資料にあった、（中略）この影響についてどのような措置を取るかということでございますけど、農林水産省におきましては令和5年10月からのインボイス制度導入に向けまして、直売所等を含む農林漁業、食品産業等の事業者に対してインボイス制度の内容を周知するとともに対応方法等についてご検討いただくため、国税庁等々の関係省庁とともに連携しながら、広報資料の作成、ホームページ等の掲載、説明会の開催、相談窓口での問合せ対応等に取り組むとともに業界団体等を通じてインボイス制度への準備の状況、現場の課題等の把握に努めております。引き続き、関係省庁と

連携し、制度の円滑な導入に向けて取り組んでまいりたいと思います。

**田村貴昭 議員**　結局、現状から不利益を被る増税に対する措置がないんですよ。周知と広報と相談、それだけですか。これだったら、離農はどんどん増えますよ。

出典：2022年2月19日 衆議院 財務金融委員会

　田村貴昭議員も最後に指摘した通り、本来の質問（納税負担が増える産地直売所への措置）に対して武部新農水副大臣は「制度の周知、広報、問い合わせ対応等に取り組む」としか答えておらず、具体策は無いと自白したに等しい答弁であった。

　そして、この悪影響は仕入先である農家にも及ぶ。そもそも農家の9割は免税事業者。事業継続の危機に対して政府が何も具体策を示さない中、産地直売所や飲食店が利益を確保するには、免税事業者である農家に対して以下3つの対応のいずれかを選ぶしか道はないからだ。

・インボイス発行事業者（＝課税事業者）になってもらうように依頼する
・免税事業者のままの場合、支払から消費税相当金額(8%)を値引きする
・もしくは、取引自体を中止する

　どの選択肢を選んだとしても農家の負担は増える。例えば、ある農家（年間の売上 約900万円）が課税事業者になることを選択した場合、納税負担はどれだけ増えるのか。この点についても先ほどと同日の国会質疑で田村貴昭議員は財務省に質問していた。以下、その質疑を抜粋する。

**田村貴昭 議員**　例えば年間売上げが税込みで900万円の農家があったとします。課税業者となることを選択して簡易課税による納税をする場合に、単純計算するとどれくらいの納税額になるか。財務省、試算をお願いしていますが、どうですか。

**財務省 住澤整 主税局長**　（前略）年間売上げが税込み900万円である農家の消費税及び地方消費税を合わせた納税額を機械的に算出しますと約13万円となります。

出典：2022年2月19日 衆議院 財務金融委員会

　要は、2022年2月時点で財務省もインボイスの影響で農家の納税負担が増えることをハッキリと認めていたということである。

## 農家の声「地域の人間関係も壊される」

　ただ、読者が農家ではない場合は「1ヶ月あたり1万円強の増税で大袈裟ではないか」と感じたかもしれない。その場合は、2023年6月14日の国会前デモでの農家（千葉県で野菜農家を営む齋藤敏之氏）のスピーチをぜひ聞いて頂きたい。

「私たち農民は90％が免税事業者です。これからどうするか本当に悩んでいます。出荷者（農家）は出荷させる場所をたくさん持っています。市場、農協、直売所、スーパー。それぞれが開拓したレストラン、飲み屋さん。様々なところに様々な形で納品しています。これが、それぞれ（インボイスの）対応が違うんです。私たちもいろいろ勉強しました。しかし、これはいくら頑張っても対応できない。（中略）私たち農民は価格を転嫁できません。それどころかこの円安とウクライナ危機で肥料や農薬、そして畜産物に至っては餌代が上がり、毎日毎日赤字を生み出している。そういう状況の中に（インボイスによる）増税が重なったら本当にこれから農業が続けられない。」

　後半に述べている通り、ただでさえ昨今の物価上昇でギリギリの収支状況にある農家にとって、インボイスによる増税は廃業を決断する決め手になりかねないのだ。また、前半に述べている通り、複数の取引先を持つ農家の場合は取引先ごとにインボイスの対応方針が異なることも疲弊の要因となる。

　さらに、農家と取引先の人間関係まで壊すほどの悪影響が出ていることが、インボイス開始前から実は訴えられていた。2023年2月3日、インボイス問題検討・超党派議員連盟（以降「インボイス超党派議連」）*ヒアリングに参加

---

*インボイス超党派議連は、インボイスに反対する政党（立憲民主党、共産党、れいわ新選組、社民党）の国会議員を中心に2022年11月に発足。2023年6月までに東京・永田町の議員会館で6回ほど開催し、各業界（農業、物流、建設、エンタメ等）の当事者の声を国会議員がヒアリングしてきた。また、関係省庁（財務省、国税庁、公正取引委員会等）の官僚も毎回出席し、当事者との質疑応答も行われてきた。筆者は基本的に全ての会合に現地参加

した農家（山梨県で自給的農園を営む渡辺沙羅氏）の声を聞いて頂きたい。

「今日はインボイス制度の導入にあたり、個人で小規模に運営している農家が直面している問題を知ってもらいたく、山梨からやってきました。よろしくお願いします。いま日本の山村の多くは、先祖代々守ってきた田んぼや農地を、この先も維持していくのが難しい局面にあります。人手がなく用水路の管理ができなくなってしまい、田植えはしたけれど田んぼに水が引けなくなってしまったなどというケースがあることをご存知でしょうか？小規模農業者はもちろん、さらにはご高齢な農家にまでインボイスの提出を押し付ける今回の制度は、日本の山村の退廃に拍車をかけることになってしまいます。小規模な農業者の場合、取引先がひとつでもインボイス対応を求めてくると、免税事業者のままでも良いと言ってくれていた他の取引先や、個人で行う野菜の宅配セット販売などの売上にも課税されることになってしまうので、経済的な負担も大きく、経理の作業負担も増えてしまいます。そのためにそういった取引先との取引を諦めてしまうと、それまで応援してくれていたファンの方に農産物をお届けできなくなってしまい、多くの生産者がそういった葛藤の中で悩んでいます。（中略）そのような事業者にインボイスの提出を求めることは時間的にも経済的にも厳しく、農業を継続できなくなってしまう可能性があります。他にも、農業者の高齢化が進んでいて、個人で農業を続けられている方はベテランな方がほとんどです。そうしたご高齢の農家もインボイスに対応することは難しく、このままだと廃業してしまい、それが全国的な規模で起こるわけで、いまでさえ少ない国内の食料自給率はさらに減ってしまいます。

　現場からの具体例をあげてみます。市の施設である道の駅を管理している指定管理者からは『この4月からインボイス登録番号がない農家は、道の駅に出荷ができなくなってしまう』との説明が口頭でありました。インボイス制度導入の説明会で、今まで文書による資料が配布されていないので、『今年の4月からインボイスの登録をしていない生産者は出荷ができなくなってしまうのでしょうか？』と文書による問い合わせをしたのですが、返答がもらえていませ

ん。『免税事業者を排除しないで取引を続けてもらう方法を探ってもらえないか』という要望をお伝えすると、私個人に向けて『そんなことを言う生産者とは取引をしないという選択もある』と言われてしまいました。今まで築き上げてきた関係にまでヒビが入り始めてしまっています。しかし、インボイスに対応してほしいという指定管理者の思いも理解できます。販売の委託をしているわけですが、その手数料はギリギリなので、指定管理者はインボイス制度を受け入れざるを得ません。このような制度がなければ、いま起こってしまっているような対立や分断はなかったのではないかと思います。自然が豊かだということは、その分、自然も厳しく、またこうした地域は人口密度が少ないこともあって、暮らしのすべてが人と人との助け合いで成り立っています。インボイス制度により、それまで長い時間をかけて築き上げてきた人間関係にまで影響が出てしまっていることが残念でなりません。制度の早期撤廃をお願いしたいです。」

　特に後半部分の衝撃的な証言に、国会議員を始めとする参加者はどよめいた。繰り返すが、このヒアリングが行われたのは 2023 年 2 月。つまり、道の駅の指定管理者は、実際に制度が開始する 2023 年 10 月の半年前（2023 年 4 月）から、インボイスに登録しない農家は取引から排除すると宣言したということ。制度開始前に免税事業者を排除しても指定管理者にとってのメリットは特に無いため、現場での制度への理解不足が露呈したとも言える。そして、そうした理解不足によって制度開始前から地域の人間関係までも壊しているという悲惨な実態が浮き彫りになった。

　しかし、この訴えに対して、出席した官僚（財務省 主税局税制第二課 企画調整室長 染谷浩史氏、国税庁 課税部軽減税率・インボイス制度対応室長 福田あづさ氏 等）からのコメントは極めて形式的なものだった。先ほど紹介した武部新 農水副大臣の国会答弁と同様、「制度の周知、広報、問い合わせ等」の曖昧な対応策を紹介しただけ。わざわざ山梨県から東京・永田町まで足を運んで当事者が伝えた具体的な事例を全く聞いていなかったかのような内容であった。残念ながら、こうした官僚の姿勢は他の業界の当事者がヒアリング対象となった他の回のインボイス超党派議連ヒアリングでも終始一貫しており、官僚の異常なまでの無関心・無策ぶりが際立った。当事者が何を言っても官僚の形

式的回答は毎回同じため、現地参加した筆者はさながらホラーのように感じる場面が度々あったほどだ。

　また、インボイス未登録を理由にした市場排除を宣言されたことについて、公正取引委員会の官僚（経済取引局　取引企画課長　堀内悟氏）から当日に非常に気掛かりな発言もあった。

「一般論になりますけど、課税事業者にならなければ取引しないということは取引先選択の自由でございますので、それ自体を直ちに独占禁止法上の問題とすることは難しいと考えてございます」

　この回答もまた衝撃的で、会場がざわめいた。これまでインボイス未登録を理由にした市場排除の懸念が国会で指摘されると、自民党・鈴木俊一財務大臣を始めとする政府は「公正取引委員会等が取り締まるから大丈夫」という趣旨の答弁を繰り返していたわけだが、「実際は大して役に立たないのでは？」という疑念を抱かせる内容だからだ。そして、この疑念は次に紹介する軽貨物ドライバーのヒアリングで確信へと変わっていく。

# 日本の物流を支えるドライバーが潰れる

## コロナ禍を契機に増えた軽貨物ドライバーの窮状

　次に、軽貨物車（いわゆる黒ナンバー車）で配達を行うドライバーを取り上げる。コロナ禍によるネット通販の需要増加、他業種の景気後退を受けて、軽貨物ドライバーは増加傾向にある。現に国土交通省の調査では軽貨物運送事業者は10年間で3割以上も増加している。そして、その大半は個人事業主である。2023年2月28日、この背景についてインボイス超党派議連ヒアリングに参加した全日本建設交運一般労働組合（以降「建交労*」）軽貨物ユニオンの高橋英晴執行委員長は

---

\* 建交労：建設・交通・運輸に働く労働者を中心に、清掃や学童保育など自治体の下請から失業者・高齢者も入れる労働組合

このように説明した。

「コロナによってネット通販の需要が増えた中、普段の買い物にAmazonやネットスーパーを利用する方もいらっしゃると思います。そのため軽貨物の個人事業主になる方が非常に増えています。元々はタクシードライバーやサラリーマンだった方が仕事を失って個人事業主として始めているので、最初の初期投資も100万とか150万で始められて少ないということを計算して軽貨物の営業ナンバーを取って始めた方がたくさんいらっしゃいます。その方たちの売上の平均は年間約360万円。つまり、月あたり約30万円。こういった（軽貨物の）事業主が最近増えていて、国交省の登録数では一昨年（2021年）は全国で2万5千台、昨年（2022年）は1万5千台も増え、2年間で4万台も登録事業者が増えたということです。事業者数で言えば、21万者で、ほとんどが個人事業主と見られます。（中略）売上の平均360万円から燃料費、保険など様々な経費を引きますと（税引前）所得は200万円前後です。そこから健康保険や年金などが引かれます。そのため、年金はほとんど（のドライバーは）払えていない。払えている方は（いたとしても）少ないと思います。そういう中で働いております」

　要は、コロナ禍を背景に軽貨物ドライバーの数は急増したものの、収入は決して高くはなく、ほとんどのドライバーは今もギリギリの生活をしているということ。さらに、個人事業主であることと関連して、委託元の会社の関係性についても重大な構造的問題を抱えていることも高橋英晴執行委員長は3つの事例を挙げて具体的に紹介した。

「ヤマト運輸の2次下請けとして委託契約で働いていたドライバーが、1月3日に職場で荷物の積み方について社長とちょっと揉めて、その場でクビになった。『今日はもう降りろ。車はここに置いて帰れ』と言われた。その後は仕事がつかない上、さらに（昨年）12月に働いた分についても（給料を）支払わないと言われた。1月末まで待ってみたら『やっぱり払う』となったが、それまでは売上78万円が全く払われなかった。こういうことが、この国でまかり通っているということです。これについて私たちは労働組合として会社に団体交渉を

申し入れましたが、弁護士を通して『皆さん方は労働法上の労働者ではないので団体交渉には応じません』というペラ1枚の紙を出されるだけ。

　また、別の支払遅延では訴訟を起こしたが、会社側が弁護士を出して引き延ばされた間に会社が倒産してしまい、不払いは84万円にのぼった。

　他にもAmazon関連の例を挙げると、最初は1日130個位の荷物を運ぶと1日1万5千円貰える契約だったが、今や約2倍の250個になって12〜13時間の長時間労働になっても報酬は変わらない。交渉しようにも（委託）会社は『Amazonが全部決めてるから私たちには裁量は無い。上に言ったら会社全体が切られて、契約を停止されてしまう』ということで何も交渉できない。」

　この衝撃的な証言の数々に国会議員を始めとする参加者はどよめいた。ドライバーが委託会社に虐げられているという話は筆者も聞いたことはあったが、想像の範疇をはるかに超えていたからだ。これらの事例のポイントは、やはり軽貨物ドライバーの大半が個人事業主であり、委託会社と対等に交渉できる立場に無いということだ。

　このように、ただでさえ圧倒的に軽貨物ドライバーの立場が弱い中でインボイスが導入されれば何が起きるかは容易に想像できる。先ほどの農家の図解と同じ理屈で、インボイス導入後はドライバーがインボイス発行事業者（＝課税事業者）にならずインボイスを発行できない場合、委託会社は仕入税額控除できなくなり、納税額が増大する。結果、委託会社は自らの増税を避けるためドライバーに地獄の3択（インボイス発行事業者への登録を強要、値下げを強要、取引停止）を迫るのだ。

## インボイス未登録を理由にしたドライバーの市場排除

　そして、この懸念は2023年2月の時点ですでに現実となっていたことも、高橋英晴執行委員長は当日に具体的に紹介した。

「先ほどの計算で（年間）売上は360万円、（税引前）所得は200万円とすると、簡易課税ではインボイスによって（年間）18万円の課税になります。もうほぼ1ヶ

月分の所得が消えてしまいます。1ヶ月分はタダ働きですよ。こんなに一生懸命に毎日皆さんの荷物を届けているドライバーにタダ働きで働いてもらえるのかという問題です。（中略）1つ事例を挙げますと、Amazon下請けのある会社は『確定申告したら誓約書を出して下さい』と。ここまではいいでしょう。さらに、『インボイスに登録したら番号を出して下さい。インボイスの番号を出せないなら契約は更新しません』という通知を個人事業主に出しています。これって独禁法違反でないんですか？（中略）これに対して公正取引委員会や国税庁は個々の取引に踏み込んで（取り締まって）いけるんですか？と聞きたいと思います。」

　この問いかけに対する官僚の回答は凄まじいものであった。まず、ヒアリング対象者からの一連の説明を受けての官僚からのコメントは10分近くも時間を使ったものの、またも「制度の周知、広報、問い合わせ等」の既知の対応策を長々と紹介しただけ。当事者が伝えた具体的な事例を全く聞いていなかったかのような内容であった。その一方、明確な質問があった「インボイス未登録を理由にした契約打ち切りは独禁法違反ではないのか？」については、一言も言及が無かった。
　そのため、その後の質疑応答で高橋英晴執行委員長は再び官僚に具体的に質問したのだが、官僚の異常性はさらに際立ち、さながらホラーのような展開となった。以下、その異様なやり取りを抜粋して紹介する。

　　**高橋英晴執行委員長**　「インボイスを登録しないと今後は契約の更新はしない」と文書を出してるんですよ。（最初に）私が聞いたのは、それについては独禁法（の取り締まり範囲）に入ってないんですか？いかがでしょうか？
　　**公正取引委員会**　ご質問ありがとうございます。個別の案件でちょっとお答えできないんですけど、一般論としますと、公正取引委員会は独占禁止法という競争法を所管しておりまして、市場経済の中では事業者が誰と取引するかは自由と、原則論としては当たります。ただ、例外的にその立場が優越している者がこのインボイス制度を契機として例えば著しく低い額を設定して、それに応じない場合は取引を切るとか、ちょっと例外的に判断することになりますけど、そういった場合は独禁法に当たる恐れがあると申し上げております。個別のケースについて調査しないと分からないということでございます。

**高橋英晴執行委員長**　「著しく低い価格を設定して」ではなくて、「インボイスを出さないと契約更新しません」と言われているんです。それについてはどうなんですか？

**公正取引委員会**　繰り返しになってしまうんですけど、個別具体的に判断していくことになります。（これ以降も3分間ほど類似の回答の繰り返しとなったため中略）

**高橋英晴執行委員長**　私は昨年5月にAmazonが一方的に契約変更をしたことについて公正取引委員会に調査依頼をしました。置き配後に荷物がなくなった場合は全部ドライバーの責任にするという改悪、また運送中の荷物に損害が生じた場合はドライバーの責任にするとAmazonがドライバーに通達した。これに対して調査依頼しました。結果は、「調査しましたけど、別にそれは問題ありません」という回答でした。調査内容の中身は教えてくれませんでした。これ、個々の取引を個人が公正取引委員会に申し入れた場合、結局はそういった扱いになるんじゃないですか？「契約解除します」という文書を出します。「これ、独禁法じゃないですか？」と調査を依頼する。そうすると何ヶ月も経って、「いや、それだけでは該当しません」と回答が来るんじゃないですか？それがオチじゃないですか？弱い立場の人はずっと待たされて、結局何も変わらずそのままインボイスの番号を出さなきゃいけないか、もしくは取引から排除されるか、どちらかなんですよ。それが実態では？

**公正取引委員会**　（10秒ほど沈黙した後に）個別のケースにお答えできないんですけど、ちょっと今回のケースについてはご相談させて頂ければと思います。

出典：2023年2月28日 インボイス超党派議連ヒアリング

　当事者がここまで具体的に質問しているにもかかわらず、結局、官僚は「個別の案件（ケース）には答えられない」という言い回しを連発して、一般論を繰り返したのみ。筆者のように毎回継続的にインボイス超党派議連ヒアリングに参加していた者の間では、先ほど紹介した農家のヒアリング時に浮上した「インボイス未登録を理由にした市場排除に対して公正取引委員会（独禁法）は無力なのでは？」という疑念がいよいよ確信へと変わった瞬間でもあった。その衝撃的な実態は、約2ヶ月後（2023年4月）の個別レクチャーでさらに明ら

かになり、詳細は 6 章で紹介する。

　また、約 4 ヶ月後（2023 年 6 月 14 日）の国会前デモでは、物流業界を代表して建交労 軽貨物ユニオンの高橋英晴執行委員長は再びマイクを握った。その悲痛な訴えもぜひ聞いて頂きたい。


「（軽貨物ドライバーの税引前）所得は 200 万円台。ここにインボイスが 10 月から始まると（直近）3 年間は年間 10 万円、激変緩和措置が無くなれば年間 25 万円の増税になります。10 万円は、ガソリン代 3 ヶ月分です。（中略）こんなことでは将来設計が立たないじゃないですか。少子化対策？ふざけるな！です。子供を産むこと も 育てることもできません。
　インボイスを巡っては私たちの仲間が泣き寝入りを強いられています。説明もなく、
「インボイスをとらないと仕事を回せない」
「インボイスをとらないと 10 月から（報酬を）10％ 引くぞ」
「インボイスを取らないと契約更新しないぞ」
　そうやってワケも分からず、課税事業者になっているんです。私たちが免税事業者のままでも構わない激変緩和措置なんて全然説明されていません。
　運送業界は、（ドライバーの売上が減少する）「2024 年問題」* も抱えています。物流が 2030 年までに 3 割以上ストップすると言われています。インボイスを機に軽貨物ドライバーをやめる人も増えるでしょう。従って、インボイスをこのまま強行すれば、買ったものが届かなくなり、工場に部品が届かなくなり、スーパーには物が並ばない。どんどん物の値段が上がる。そんなこと、受け入れられますか？財務省は日本を破滅に追い込むつもりですか？

　岸田総理は言ってました。働く者の所得を増やすと。どうですか？（インボイスで年間）25 万円の税金を新たに払わされて、どうやって所得が増えるんですか？生活やっとなのに、投資に回す金なんてありませんよ。こんなの国家的詐欺ですよ。そして、そのトップ（岸田総理）は大嘘つきです。インボイスを『増税でない』と言うんだから。ここにいる仲間の皆さん！全国の皆さん！

* 2024年問題：働き方改革関連法によってドライバーの時間外労働時間に制限が設けられることに関連して物流量の減少、ドライバーの売上減少や廃業が懸念されている

この怒りをインボイス廃止を実現するまでどんどん広めましょう！」

　軽貨物業界についてまとめると、2024年問題も関連して国民やドライバーが以下のような形で今後被る不利益をインボイスはさらに悪化させると言えるだろう。

### 〈2024年問題の更なる悪化による物流業界の退化〉
・通販で買った商品や郵送物が今までのように届かなくなる
・薬やワクチンが薬局や病院に届かなくなる
・ネットスーパーや弁当宅配など配送エリアの縮小（お年寄りなど交通弱者への影響）

### 〈ドライバーのワークライフバランス悪化〉
・ドライバー不足で現職ドライバーの負担が増大
・一人当たり配達量は増加し、増加傾向にある交通事故がさらに多発する恐れ
・急いで配達せざるを得なくなり、労災事故（階段の踏み外しによる転倒）も増える恐れ
・休日減少や長時間労働による健康悪化による廃業の増加

出典：2023年9月4日 建交労 軽貨物ユニオン「インボイスアンケート」P14を参考に作成


# 日本の建設を支える一人親方が潰れる


## 一人親方の大半は免税事業者

　次に、農業、物流と同様に日本の屋台骨を支えていると言える建設業を取り上げる。建設業は他者に直接雇用されずに施主、請負会社、施工会社などから依頼を受けて仕事をする、いわゆる「一人親方」が大変多い業界である。そし

て、その大半は免税事業者でもある。2022 年 12 月 8 日、こうした構造について インボイス超党派議連ヒアリングに参加した全国建設労働組合総連合（以降「全建総連」*）の西雅史 税金対策部長はこのように説明した。

「全建総連には 62 万人の組合人がおります。（中略）建設業の一人親方を対象とした労災への加入者は 19 万人。およそ 3 割の組合人がいわゆる一人親方として、雇用されずに一人で建設業で 働いているという実態です。この 19 万人の多くは売上が 1000 万円以下の免税事業者だと推察されます。」

　こうした状況でインボイスが導入されると何が起きるのか。もう読者の方々にも察しはつくであろう。先ほどの軽貨物ドライバーとよく似た構図で、インボイス導入後は一人親方がインボイス発行事業者（＝課税事業者）にならずインボイスを発行できない場合、直接の取引先（請負会社、施工会社等）は仕入税額控除できなくなり、納税額が増大する。結果、取引先は自らの増税を避けるため一人親方に地獄の 3 択（インボイス発行事業者への登録を強要、値下げを強要、取引停止）を迫るのだ。

## 圧倒的に足りない制度の周知

　西雅史 税金対策部長は一人親方に対して実施したインボイスのアンケート結果（実施期間：2022 年 9 月 7 日〜 10 月 28 日、有効回答数 2689 名）も交えて、こうした懸念を具体的に説明した。

「税制のあり方で仕事のあり方が変わっていく。免税事業者は今まで通りの形で仕事をしづらくなる。課税事業者にならないと現場に入ることができない。そんな制度は見直しをしてほしい。コロナの影響などで資材価格が上がり、それをなかなか価格転嫁できない今、制度が始まるのは延期してほしい。（中略）7 問目で『課税事業者となりインボイスに対応した請求書を発行することを求められる可能性があることを知っていますか』と尋ねたところ、4 月時点では『知らない』が 40％ を超えており、今回は少し減ったもののまだ 28.5％ もいます。

* 全建総連：建設産業で働く者の最大の労働組合。大工・左官などの建設業に従事する労働者・職人、一人親方、手間請従事者等が対象

こうした組合へのアンケートは組合活動に普段から参加している方が多く含まれるため、私どもの周知活動が少し進んだのかもしれませんが、まだ自分がインボイスに対応した請求書を発行しなければならないことを理解頂いていない方が 3 割近くいることも事実です。（中略）9 問目で『取引している上位企業から本制度の導入後の取引について、どのように通知されていますか』と尋ねたところ、『特に何も言われていない』が 8 割と圧倒的に多い。今のところ『課税事業者にならないと今後の取引はしない』は非常に少ないですが、条件の明示がされていないことの証左だと思います。（中略）11 問目は非常に重要です。『本制度の導入をきっかけにどのような対応を行うことが考えられますか』と尋ねたところ、『収入が減るなら事業をやめることを検討する』と『収入が減らなくても手続きが面倒なら事業をやめることを検討する』が合わせて 10％ 弱となりました。」

　このアンケートを実施した時点で制度開始は約 1 年後に迫っていたわけだが、制度の周知が圧倒的に足りないことが浮き彫りになったと言える。また、そのような状況にもかかわらずインボイス導入を理由に廃業を検討する一人親方がすでに 1 割弱も存在していたというのは衝撃的だ。その後、周知が進んで上位企業からの要求も具体的になっていく中で、その割合が増えていったであろうことは想像に難くない。

### 〈インボイスのアンケート結果（抜粋）〉

**7 問目**　本制度の導入以降、あなたが取引している上位企業が課税事業者である場合、「課税事業者となり、インボイスに対応した請求書を発行する」ことを求められる可能性があります。このことを知っていますか。

　　　知っている 33.7％

　　　ある程度は知っている 37.8％

　　　知らない 28.5％

**9 問目**　あなたが取引している上位企業から、本制度の導入後のあなたとの取引について、紙や口頭などでどのように通知されていますか。

　　　「課税事業者」になってほしい 11.2％

　　　「課税事業者」にならないと、今後の取引はしない 1.9％

雇用したい 0.6%

消費者（施主など）との取引なので関係ない 5.3%

取引先が「簡易課税事業者」のため聞かれていない 0.8%

特に何も言われていない 80.1%

**11問目**　あなたは本制度の導入をきっかけとして、どのような対応を行うことが考えられますか

収入が減るなら事業をやめることを検討する 6.3%

収入が減らなくても手続きが面倒なら事業をやめることを検討する 3.2%

事業をやめることはない 46.6%

まだわからない 43.8%

出典：全建総連「一人親方で免税事業者の皆さんのインボイスアンケート第2回（実施期間：2022年9月7日〜10月28日、有効回答数2689名）

## インボイス未登録を理由にした一人親方の市場排除

　また、これまで紹介した農家や軽貨物ドライバーと同様、やはり免税事業者を取引から排除する動きも2022年12月の時点で現実となっていたことも、西雅史 税金対策部長は実際に配布された文書のイメージ（【文書1】）をもとに紹介していく。

「左は去年（2021年）の秋、右は今年（2022年）の秋にあった事例です。左は大手のある会社が普段取引をしている一人親方など事業者に出したものです。下の太字の部分で、『適格請求書発行事業者登録ができない施工店様とは今後のお付き合いを検討せざるを得ない状況となってまいります』と。一人親方などの事業者に（インボイス発行登録者）番号をとることをお願いする以上の表現を使って強要している実態がありました。右は、こちらもある大きな会社が一人親方など施工店に出した文書です。太字の部分で、『支払者（上位企業）の消費税の納税額が増えないようにするためには、請求者の事業者登録が必要になります。取引先の皆様におかれましても適格請求書発行事業者登録を年内に終えて頂くよう

**全建総連　資料3（2022.12）**

**2023年10月に適格請求書等保存方式（インボイス制度）導入に向け、免税事業者は「取引からの排除」しようという動きが起こっています**

リフォーム施工店　御中

株式会社　○○○○事業本部

適格請求書発行事業者登録番号の
ご通知とご依頼について

2023年10月から、複数税率に対応した消費税の仕入税額控除の方法として、適格請求書等保存方法（いわゆるインボイス制度）の導入が予定されています。

そこで、弊社の適格請求書発行事業者登録番号をご通知するとともに、貴社の登録番号等について、弊社までご連絡をお願い申し上げます。

なお、制度導入後は、通常の請求書が「インボイス（適格請求書）」と呼ばれる形式に変更となりますので、**適格請求書発行事業者登録ができない施工店様とは、今後のお付き合いを検討せざるを得ない状況**となってまいります。その場合には、以下の問合せ先に対して事前相談をお願い申し上げます。

お取引様　各位

○○○株式会社

適格請求書発行事業者登録番号の通知とご依頼

拝啓時下ますますご清栄のこととお慶び申し上げます。

さて来年10月1日よりインボイス制度が導入されます。「適格請求書」を発行することが、支払者が消費税の仕入控除をするための条件となります。
言い換えれば、**支払者の消費税の納税額が増えないようにするためには、請求者の事業者登録が必要になります。**

弊社宛請求書を発行していただく**取引先の皆様におかれましても「適格請求書発行事業者」登録を年内に終えていただくよう、お願いいたします。**

【文書1】2022年12月8日 インボイス超党派議連ヒアリング 全建総連 配布資料3 P1

にお願い致します』と。この年内というのは、今年（2022年）の12月になると理解されますが、こうした文書を送っている事例がありました」

　農家で紹介した道の駅の指定管理者と同様に制度開始（2023年10月）時期より早い時期を指定している上、こちらは口頭ではなく露骨に文書で堂々と登録を強要している実態が明らかになった。一人親方は名前の通り一人で活動しているため、圧倒的に力が強い上位企業と対等に交渉することも難しい。

　また、一人親方はそれぞれの得意分野を活かして取引の信頼関係を築いてきたという特性があるため、農家のヒアリングでも聞かれたように長年培った人間関係にまで亀裂を生じさせる恐れがある。この点は、約6ヶ月後（2023年6月14日）の国会前デモでの一人親方（建設鍛治工 大木栄一氏）のスピーチをぜひ聞いて頂きたい。

「私たち建設業は今、非常に困っています。それはなぜか。この物価高を価格転嫁できずに潰れていく仲間がたくさんいるんです。そこへ、今度のインボイス増税です。建設業には一人親方がたくさんいて、フリーランスと同じで個人事業主となります。年収400〜500万円の人がまた税金を取られ、（年収）約1ヶ月分の増税。そして、私たち建設業は仲間内の仕事です。上（発注側）から下（受注側）へ。その上の人が今度は（インボイスが無いと仕入税額）控除できないので、下の人の分の税金をかぶるか、下の人がインボイス登録するかになってしまうんです。本当にこんな悪い制度、廃止すべきです。」

# 出版業界が潰れる

## 業界団体の反対声明

　ここまで紹介した軽貨物や建設では個人事業主の上位に位置する取引先の大手企業は、普段からの力関係も影響したせいか残念ながら早々に自らよりも弱い個人事業主にインボイス登録を強要するだけで、自らよりも立場が強い政府が進めるインボイス制度に団結して反対する動きはほとんど見られなかった。しかし、全く異なる業界があったことも紹介したい。例えば出版業界では制度開始の1年半以上前にあたる2022年2月時点で業界団体の日本出版者協議会（以降「出版協」）がインボイス制度への反対声明を発表していた。以下、全文を引用する。

### 声明　インボイス制度（適格請求書等保存方式）に反対する

　出版の現場では著者をはじめ、ライター、編集者、校正者、デザイナー、カメラマン等々多くのフリーランスが関与し、多様な出版物が創りだされている。フリーランス等のうちには、年間売上が1,000万円以下の免税事業者である者も多い。

　インボイス制度では、消費税の納付にあたって控除できる「仕入額等」はインボイス＝「適格請求書」のあるものに限られる。「適格請求書」を発行するためには、事業者が所轄税務署に「登録事業者」の登録を行わなければならず、この登録を行うためには、免税事業者は課税事業者への変更を余儀なくされる。

　出版社としては、これまで仕入額として控除できた分の消費税を新たに負担することは困難であり、著者や、製作に携わる上記のフリーランス等が免税事業者であっても適格請求書の発行をお願いせざるを得ない。税務署としては、これまで免除されていた消費税を、業者間で押し付け合いをさせた上で、確実に取り立てる制度と言える。

こうしたことから、出版社と製作に携わる人々との関係を悪化させたり、免税事業者である人々が取引から排除されたりすることが起こりかねず、出版活動に支障をきたす懸念が大きい。

　発注先との問題だけでなく、仕入取引について、控除できる課税仕入か否かの判定作業や適格請求書の確認作業など、これまでの帳簿方式では不要だった事務負担が増加することも明らかである。

2023年10月開始とされ、既に2021年10月から登録番号取得の受付が開始されたインボイス制だが、私たちは、出版社や出版物の製作に携わる人々だけでなく、多くの事業者への負担を増大させるとともに、免税業者をつぶし、簡易課税方式の縮小・廃止、そして消費税増税への地ならしともなるこの制度に反対し、実施の中止を求めるものである。

以上

2022年2月3日

一般社団法人 日本出版者協議会

会長　水野　久

出典：出版協 声明

　これまで紹介した他業界と同様の構図で、インボイス導入後はフリーランス（著者、ライター、編集者、校正者、デザイナー、カメラマン等）がインボイス発行事業者（＝課税事業者）にならずインボイスを発行できない場合、出版社は仕入税額控除できなくなり、納税額が増大する。結果、出版社は自らの増税を避けるためフリーランスに地獄の３択（インボイス発行事業者への登録を強要、値下げを強要、取引停止）を迫らなければならないことが声明では具体的に説明されている。

　さらに翌月、この声明で具体的に言及された懸念について国会（衆議院財務金融委員会）で共産党・田村貴昭 議員は財務省に質問していた。以下、その質疑を抜粋する。

　**田村貴昭 議員**　一般社団法人日本出版者協議会は2月3日に声明を出しました。（中略）出版社と製作に携わる人との関係が悪化し、出版活動に支障を来すと声明の中で入っている。インボイス制度の実施の中止を求めています。出版社についてはどういう対応をされるんですか。

　**財務省 住澤整 主税局長**　先ほどと若干重複しますけど、出版業界を含めた事業者全般についての対応でございますが、インボイス制度の導入に当たりましては、その円滑な移行を図る観点から、軽減税率制度の導入から4年間の移行期間を設けるとともに、制度導入後につきましても、先ほど申し上げたような6年間、一定割合は免税事業者からの仕入であっても控除が可能となるような経過措置を講ずることによりまして段階的な移行が可能となるような措置を講じているところです。また、課税事業者と取引をされる免税事業者等の問題につきましては、先ほど申し上げましたように、独禁法、下請法等の取扱いをQ&A等により明確化する等の対応を行っているところでございます。

　**田村貴昭 議員**　だから、それでは根源的な解決にならないから、移行期間を設けたとしても困りますよということで声が上がり続けているわけですよ。

出典：2022年3月25日 衆議院 財務金融委員会

　住澤整主税局長は長々と答弁したが、「移行期間を設ける」と「Q&Aで取り扱いを明確化する」としか答えておらず、具体策は何も無いと自白したに等しい。田村貴昭 議員が最後に指摘した通り、これでは根源的な解決にはならない。

## 登録を呼びかける財務省が自らの登録は想定漏れ

　さらに言えば、インボイスは制度を推進する財務省や国税庁の職員にとっても他人事ではない。この懸念を引き続き田村貴昭 議員が質問したところ、衝撃的な実態が露呈する。以下、その質疑を抜粋する。

　　**田村貴昭 議員**　財務省の職員の方々も雑誌などで執筆し、原稿料や講演料や印税などを得ることもあると思います。財務省の職員の方々は消費税の課税業者になるのですか。現状で、主税局はどのような対応を考えておられるんですか。

　　**財務省 住澤整 主税局長**　財務省主税局の場合で申し上げますが勤務時間内に行う著作物の執筆等につきましては、税制に関する広報活動の一環として職務として行っているものでして、職員が原稿料等を受け取るといったことはございません。また、勤務時間外に行う著作物の執筆等につきましては、これは職務外のことでございますので、財務省主税局として何らかの対応方針を職員に示す等の予定はございません。

　　**田村貴昭 議員**　主税局長も原稿料を受け取ったりする機会はありますよね。どうなんですか。

　　**財務省 住澤整 主税局長**　私は、主税局長に就任してから職務の一環として、広報活動として、講演あるいは執筆をすることはございましたけれど、こういった原稿料等を受け取っていることはございません。

　　**田村貴昭 議員**　では、主税局長はそうですけど、ほかの幹部職員の方は、印税、原稿料を受け取る、こういうことは勤務時間外に仕事においてありますよね。

　　**財務省 住澤整 主税局長**　仕事においてとおっしゃられた趣旨がちょっと不明確でございますのでお答えするのは難しいと思います。

**田村貴昭 議員**　インボイス制度の登録申請の受付を国税庁は去年（2021 年）の 10 月 1 日から開始している。インボイスを交付する事業者となるには事前の登録申請が必要ですと呼びかけているわけですよ。呼びかけていて、実際に（自らが）登録業者となる必要があるという想定に対して対応していない。

出典：2022 年 3 月 25 日 衆議院 財務金融委員会

　今回も住澤整 主税局長は長々と答弁したが、「勤務時間内は報酬は発生しない」と「勤務時間外は方針の提示は不要」としか答えておらず、何も対応していないと自白したに等しい。これも田村貴昭 議員が最後に指摘した通り、国税庁は登録申請を呼びかける立場でありながら、自らが課税業者になることは何も想定していないことが露呈したと言える。

## 制度の仕組みを利用した事実上の言論統制

　また、出版業界については本書籍の出版が当初の予定より 1 年ほど遅れた理由とも関係するため補足したい。もともと本書籍は制度への問題意識を広げるために何としても 2023 年 10 月 1 日の制度開始より前に出版したいと筆者は考えていたが、それは実現しなかった。2023 年春頃から多くの出版社に打診したものの、「自らも書き手にインボイス登録を依頼する立場になるため、制度を否定するテーマは扱いにくい」という理由で多くの出版社が尻込みしたのだ。本書籍の内容の大半は、筆者が 2022 年 4 月～ 2023 年 5 月に執筆・公開済みの記事に基づいており、原稿執筆のスケジュールは十分に間に合ったにもかかわらず、出版社が見つからずに 1 年ほど塩漬けになってしまったのだ。後ほど 5 章で紹介する大手メディアの構造的問題に加えて、出版業界も制度の問題点を指摘しにくい状況にあったことが、問題点が国民に十分に周知されないまま制度開始を迎えてしまった背景にあるのだ。

# シルバー人材センターを介して
# 働く高齢者が潰れる

　ここまで読めばもうお分かりかと思うが、これまで紹介した農業、軽貨物、軽貨物、出版はあくまで一例に過ぎない。売上1000万円以下の免税事業者と取引があるあらゆる業界で、インボイスが原因で地獄の3択（インボイス発行事業者への登録を強要、値下げを強要、取引停止）を迫られる。

## シルバー人材センターの仕入税額控除の変化

　例を挙げればキリがないので、やや特殊な例として高齢者に仕事を斡旋するシルバー人材センターを次に紹介したい。シルバー人材センターは受注先（自治体、民間企業、個人家庭）と高齢者の間に立つ形で、受注先から契約金を受け取り、仕事を斡旋した高齢者には配分金を支払う形になっている。

　あとはこれまで紹介した他の業界と同様の理屈で、【図7】に整理した通りイ

## 【図7】シルバー人材センターから見た納税の変化

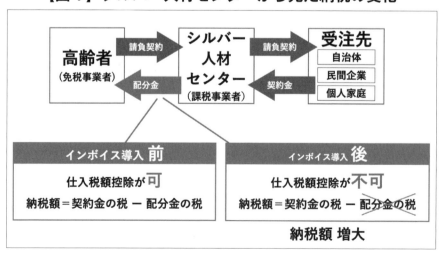

ンボイス導入後は高齢者がインボイス発行事業者（＝課税事業者）にならずインボイスを発行できない場合、シルバー人材センターは仕入税額控除できなくなり、納税額が増大する。結果、シルバー人材センターは自らの増税を避けるため高齢者に地獄の3択を迫るのだ。

　このケースが特殊なもう一つの理由は、高齢者は年金では足りない生活費を補うため月数万円のレベルで働いており、必然的にほぼ全員が年収1000万円以下の免税事業者であること。高齢者一人ひとりの配分金は少額とは言え、シルバー人材センターに新たに伸し掛かる納税負担は大きく、1センター当たり年間約1500万円、全国合計で年間約200億円にのぼることが国会（2022年5月18日衆議院 厚生労働委員会）での答弁（自民党・後藤茂之 厚労大臣）で明らかになっている。

## 自治体に丸投げの厚労省

　こうした懸念に対して政府はどのように対応するのか。2022年4月の時点で国会（参議院財政金融委員会）で共産党・大門実紀史 議員は厚労省に具体的に質問していた。以下、その質疑を抜粋する。

　　**大門実紀史 議員**　シルバー人材センターが負担になる消費税分をどうするかというと、それぞれお支払いする配分金からもう引いてしまうと。(中略)厚労省は具体的に何を今まで対応されてきたかというと、二つ。一つはシルバー人材センターの受注の3割占める地方自治体に対して会員である高齢者に負担が掛からないよう、つまり収入が減らないように適正な価格設定で発注してほしいと。自治体から発注してほしいと。(中略)会員の方々の収入が減らないようその分は自治体で負担をしてあげてほしいという要請ですけど(中略)これ国としての財源手当てはあるんでしょうか。
　　**厚労省 奈尾基弘 高齢・障害者雇用開発審議官**　(中略)消費税の納税額分につきまして発注者である地方公共団体に適正な価格設定をお願いしたいということでございまして、直接これに対して国がどうこうするというものは現在はないというものでございます。

**大門実紀史 議員** そうなると何が起こるかなんですけれど、自治体は国から要請されただけではできません。（中略）負担するとしますと、高齢者の方々に仕事を回せば回すほど自治体の負担が増えるわけです。（中略）シルバー人材センターの仕事を増やすよりも、増やすと負担が増えるから減らす方向にというインセンティブが働くんじゃないですか。（中略）自治体の立場になると高齢者に仕事を発注してあげたいと思っても、発注すればするほど自治体の負担が増えるわけだから。（中略）どうしても民間の方で仕事をもらってくれという方向になるんじゃないですか。端的に答えてください。

**厚労省 奈尾基弘 高齢・障害者雇用開発審議官** 発出した通達につきまして発注者の地方公共団体に適正な価格設定をお願いしたところで発注の量なりシルバー人材センターへの発注について引き続き円滑にできるよう対応をお願いしたいと思ってございます。　出典：2022年4月26日 衆議院 財政金融委員会

　懸念点（要請だけしても、財源が無ければ自治体は高齢者への発注を減らす方向にインセンティブが働く）への具体的回答は皆無。要は、自治体に丸投げであると自白したに等しい。

## 7割を占める民間分野はさらに深刻

　ここまでは受注先の3割を占める自治体の問題が中心であったが、残り7割（民間企業、個人家庭）の受注先についても深刻な事態が予想される。この懸念に対しても大門実紀史 議員は引き続き厚労省に具体的に質問していた。以下、その質疑を抜粋する。

**大門実紀史 議員** シルバー人材センターの（受注先の）7割が民間分野なんです。（中略）民間企業が自治体に要請したようにその分上乗せしてあげるなんてことはあり得ないわけですね。そうすると、シルバーセンターはどうしても高齢者の配分金を減らすしかない。あるいは、そういうことならば今まで民間企業としても一定の善意も持ってシルバー人材センターに仕事頼んできたけど、（今後は）頼まないと。だから仕事を具体的にや

る高齢者にとって、金額が減るか、仕事が少なくなるかになるんですよ。この民間の分野は。（中略）先ほど説明された、高齢者の人たちに介護の仕事を（新たに）やってもらうという話。ところが、高齢者の方々は介護の資格を持っていないので、介護施設で資格が無くてもできる仕事。お手伝いの回りの仕事を探して、それをシルバー人材センターの高齢者の方の仕事を増やすために探そうという話でございまして、これは今回のインボイスと何の関係もない。インボイスによって収入が減るかもしれない高齢者の方々と何の関係もないじゃないんですか。

**厚労省 奈尾基弘 高齢・障害者雇用開発審議官**　ご指摘のシルバー人材センターを活用した高齢者の介護就業促進でございますが、趣旨といたしましては、例えばシルバー人材センターに介護プランナーを置くと。これは、介護の仕事は資格が必要だったり、あるいはフルタイムの勤務を求める傾向がどうしてもございますけれども、そういう中で、仕事を切り出せばシルバーの会員の方にも適切な仕事があり得るのではないかということで言わば受注機会の拡大ということを考えたものでございます。従って仕事の発注の全体の機会を増やそうということもこのような事業の趣旨と考えてございます。

**大門実紀史 議員**　要するに関係ないんですよ、これ。今回の（インボイスの）こととは。将来的にシルバー人材センターの仕事を増やさなきゃということを通じて何か経営基盤を安定させることは、普段からやるべきことで今回のインボイスの対応には何の効果もないんです。（中略）結局、シルバー人材センターで働く高齢者の方々の収入が減らないようにする何の担保もないということ。

出典：2022 年 4 月 26 日 衆議院 財政金融委員会

　最後に大門実紀史 議員が指摘した通り、「受注先の 7 割を占める民間は、自治体以上にシビアなため負担増を受け入れず、高齢者が不利益を被る」という懸念に対して厚労省は何も具体策を回答できていないことに加え、新たに紹介するとしている介護の仕事に至ってはインボイス対応とは無関係であり、ただの論点ずらしであることが露呈したと言える。

# 第3章
## サラリーマンの経費精算は大混乱、経理も疲弊

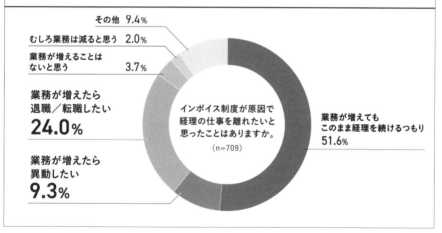

2023年10月にインボイス制度が導入された場合、
経理としての業務は変化・増加することが予想されます。

**インボイス制度が原因で経理の仕事を離れたいと思ったことはありますか**

その他 9.4%

むしろ業務は減ると思う 2.0%

業務が増えることは
ないと思う 3.7%

業務が増えたら
退職／転職したい
**24.0%**

業務が増えたら
異動したい
**9.3%**

インボイス制度が原因で
経理の仕事を離れたいと
思ったことはありますか。
(n=709)

業務が増えても
このまま経理を続けるつもり
51.6%

インボイス開始を理由に経理の3分の1が異動・退職・転職を検討していると判明した衝撃的な調査結果。詳細は本章で説明

# 合言葉は「インボイス発行できますか?」

　サラリーマンも経費精算時にインボイスの当事者になることは1章でもお伝えした。会社としてはインボイスを発行してもらわないと納税額が増えるため「インボイスを発行できない取引先（個人タクシー・飲食店・小売店 等）は経費精算不可」と経理部門が定めることは制度開始前から容易に想像でき、現に制度開始後に多くの企業で現実となっている。個人タクシーや飲食店を業務利用する際、まず最初に「インボイス発行できますか?」と確認しなければならず、会社員にとっても非常に面倒臭い状況になった。

　こうした懸念に対して政府はどのように対応するのか。一例として個人タクシーを挙げると、2022年4月の時点で国会（参議院財政金融委員会）で共産党・大門実紀史 議員は自民党・鈴木俊一財務大臣に具体的に質問していた。以下、その質疑を抜粋する。

　　**大門実紀史 議員**　個人タクシーの業界もおかしな話になってきて、個人タクシーはいわゆる個人事業者、免税事業者が多いわけです。インボイスが導入された後、お客さんが会社員の方だと、タクシー代を経費で落とさなきゃいけないのでインボイスの領収書を求めるわけですけど、個人タクシーの免税事業者は発行できないから乗らないとか、トラブルが起きると言われてきて、これ財務省と個人タクシー業界でいろんな話合いをされている中で、（中略）個人タクシーの行灯ありますよね、ちょうちんと言うんですか、あれの色を変えるというんですよ。免税事業者は例えば赤色で、課税業者は青色。そうしたら、お客さんが会社員の人だったら、免税業者は止めなくて課税業者を止めるからトラブルは起きないだろうと。こんなことを実際やったらどうなりますか。町に赤ちょうちんと青ちょうちんの車が走っていて、会社員はもうその青、課税事業者ばかり止めようとすると。（中略）もう何というか差別ですよね。もう赤いちょうちんは乗らないとなっちゃうわけです。排除されていく。そんなことも分からないで、

財務省は個人タクシー業界とそんな馬鹿な、軽薄な相談をしているのかと思います。これはもう全部共通する話で、フリーランスとか個人請負の仕事の人、みんな同じ仕組みで排除されるか、あるいは収入が減るかということになる。(中略)ちょっとよく考えた方がいいですよね。今やりますか、これ本当に、みんなこれだけ大変なときにですね。一言、財務大臣からいただきたいと思います。

**鈴木俊一財務大臣** 財務省といたしましては、複数税率の中で適正な負担をお願いをさせていただく中で、インボイス制度というものはこれは必要なものであるという、そういう立場でございます。この委員会始め衆議院の委員会でもいろいろお尋ねあるわけですが、来年の 10 月からということだと理解しておりますけれども、それまでの間、でき得る限り理解を深める、またスムーズにこの実施に移れるようなこと、そういうことをしっかり来年の残された時間頑張っていきたいと思います。

出典：2022 年 4 月 26 日 参議院 財政金融委員会

　鈴木俊一財務大臣は個人タクシーに関して、これだけ具体的な懸念を指摘されたにもかかわらず、その答えは一言もなく具体策はないと自白したに等しい。現に、制度開始後も車両の上の「あんどん」の色で見分けるという差別的な方針は続いており、インボイスを発行できる個人タクシーは黄色、発行できない個人タクシーは白にすることを業界組合が求める動きが東京などではあるが、全国で徹底されているわけではない。また、インボイスに発行できる旨を示すステッカーを車体に貼る動きもあるが、乗車前に会社員はいちいち確認しなければならない。また、急ぎの場面でタクシーが 1 台しか捕まらなかった場合は、たとえインボイスを発行できなくても乗車せざるを得ず、最悪の場合は会社で経費精算してもらえない恐れもある。

　さらに、今回は個人タクシーを例に挙げたが、こうした面倒な状況が飲食店利用や備品購入など経費精算を要する全ての取引で当てはまる。会社員は不毛な確認のために間違いなく疲弊していく。

# 「経理の 3 分の 1 が異動・退職・転職を検討」の衝撃

## 調査で定量化された経理への深刻な悪影響

　一般会社員の立場から見ると経理部門はインボイスでないと経費精算を受け付けてくれない面倒臭い存在だが、経理部門も同様にインボイス制度の被害者である。そうした経理部門の悲痛な声を、市民団体の STOP! インボイスが経理担当者向けの意識調査（経理実務に携わる計 709 名を対象に 2022 年 12 月 26 日〜 2023 年 8 月 2 日に Web フォームで回答）で定量的に明らかにした。*

　同調査の内容を抜粋して事務負担増の深刻さを紹介したい。

　まず、「インボイス制度の導入について、あなたはどのようにお考えですか?」との問いに対する回答は以下のとおりだった。

　将来的にも導入するべきではない 83.1%
　予定通り 2023 年 10 月から実施すべき 8.0%
　導入時期は延期すべき 5.1%
　その他 2.8%
　インボイス制度についてよく知らないのでわからない 1.0%

　経理担当者の圧倒的多数である 88.2% がインボイス制度の中止・延期を望むという反対の姿勢がハッキリと現れている。特に、延期ではなく中止を求める声が 83% 超という圧倒的な結果となった。

　なぜ、ここまで声を揃えて経理担当者が反対するのか。その理由は、次の質問で明らかになった。

　**質問:**
　前問で「将来的にも導入するべきではない」「導入時期は延期すべき」「そ

---

*同調査の結果は制度開始直前の 2023 年 9 月 4 日に議員会館で開催した記者会見で STOP! インボイスが発表

の他」と答えた方にお聞きします。その理由としてあてはまるものをすべて
お選びください。

**回答：**

インボイス制度の事務負担が大きいから 82.9%

免税事業者の経済的負担が大きくなるから 74.6%

そもそも消費税を減税・廃止すべきだから 60.0%

社会全体で、インボイス制度の周知が足りないから 55.3%

コロナ禍や物価高騰の影響でダメージを受けている状況だから 44.3%

個人情報の取扱に不安が残るから 41.6%

インボイス制度の内容についてよく理解できていないから 16.0%

その他 6.2%

無回答 2.9%

## 【図8】経理意識調査「反対理由」（提供：STOP! インボイス）

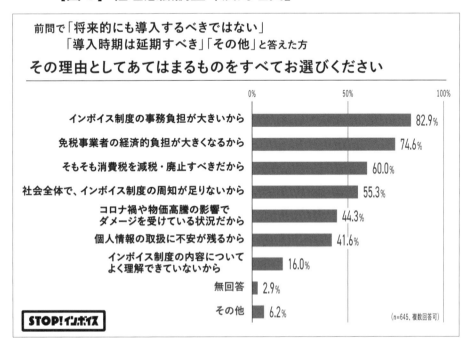

　1位は「事務負担が大きいから」で、もともと煩雑な業務を押し付けられがちな経理担当者としては、インボイス制度導入で状況がさらに悪化することを懸念していると見られる。

　経理担当者の事務負担が大きくなる背景として、取引先のインボイス登録状況ごとに対応を変えなければならないことが関係する。経理担当者としてはイレギュラーな作業は効率を落とすため、できるだけ単一税率で処理したいが、以下の質問から、フリーランス/小規模事業者が2割以上という答えは62%超だった。

　　**質問：**
　　あなたの会社の取引先に占めるフリーランス/小規模事業者の割合はどの
　　程度ですか？
　　**回答：**
　　ほとんどいない（1割未満）31.5%
　　少しいる（2割〜4割程度）27.5%
　　そこそこいる（4割〜6割程度）14.7%
　　多い（6割〜8割程度）11.0%
　　ほとんど（9割以上）8.9%
　　わからない5.5%
　　その他1.0%

　複数税率の処理は、税率を間違えると納税額も変わり損益実績も変わるので更なる正確さを求められる。さらに、政府が負担軽減という建前で導入した激変緩和措置は、ただでさえ複雑なインボイスをさらに複雑怪奇にさせ、税の三原則「公平・中立・簡素」から大きくかけ離れる。

　3年間もしくは6年間限定で対応を変化させなければならない激変緩和措置にシステム対応できない場合、免税事業者との取引は手計算になる場合もあり、複雑な事務処理に対応しきれないため免税事業者との取引を諦める会社が出る可能性も懸念される。では、システムの導入状況はどうなっているのか。

**質問：**

設備投資のための補助金がありますが、あなたの会社は新システムの導入などを検討していますか

**回答：**

していない 39.1%

まだ決まっていない 18.6%

補助金があるのを知らなかった 18.3%

している 15.2%

わからない 8.7%

「検討している」という回答はわずか 15.2%。国会で閣僚は「IT 導入補助金が使える」と繰り返しアピールしていたが、ほとんど活用されていないという結果に。そもそも 1 人から 4 人程度しか経理に人数を割けない中小企業は、補助金があっても高額ソフトの導入やシステム改修費を工面する余裕は無い。1 人で全て対応する個人事業主は尚更である。

仮にシステムを改修できたとしても、結局は請求書や領収書のインボイス番号確認や、免税事業者に対する激変緩和措置*などの仕訳入力がとても煩雑になるため、業務工数が確実に増えるという不安の声は多数あがっている。

このような状況では経理担当者のモチベーションが下がるのも必然であり、経理担当者の 33% がインボイスによる業務の変化・増加を理由に「異動・退職・転職」を検討する異常事態となっている。

**質問：**

2023年10月にインボイス制度が導入された場合、経理としての業務は変化・増加することが予想されます。インボイス制度が原因で経理の仕事を離れたいと思ったことはありますか。

**回答：**

業務が増えてもこのまま経理を続けるつもり 51.6 %

業務が増えたら退職 / 転職したい 24.0 %

業務が増えたら異動したい 9.3 %

---

*激変緩和措置を始めとする政府の頓珍漢な対策の詳細は 6 章で後述

その他 9.4%

業務が増えることはないと思う 3.7%

むしろ業務は減ると思う 2.0%

　インボイス制度が導入された場合、業務が増えると覚悟している経理担当者は実に約85%。しかし、間接部門（経理・人事・総務等）を軽視する傾向にある日本企業において、人員増や給与・手当増などのフォローがあるとは考えにくい。そうした背景もあり、インボイス導入後の業務増加を理由に「異動」もしくは「退職/転職」したいと考える経理担当者は実に33%にのぼった。

## 【図9】経理意識調査「経理の仕事を離れたいか」
（提供：STOP! インボイス）

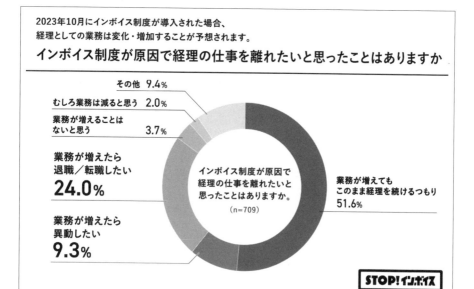

## 自由回答に溢れた経理の悲鳴

　さらに、制度開始後に始まる地獄を見越して、意識調査の自由回答には悲鳴のような経理担当者の声が並んだ。

　過去も含めた取引先全てに対して登録状況や番号を調査することが現実的ではなく、親会社の方針とかみあわず動き出せないが、社内では急かされるため困っている。　　　　　　　　（従業員規模500人未満の企業）

　システム改修が追いつかない。大企業の関係会社というだけで一切支援などはない（ましてやロイヤリティを支払う側）のに、補助金対象から外される中規模事業者であるため、費用負担もなくコスト負荷が高い。　　　　　　　　　　　　　　　　　　　（従業員規模500人未満の企業）

　少数精鋭で分業している経理社員の退職がすでに起き、制度導入後、ドミノ倒しで退職が続く恐れ。財務省は社員採用コストを負担してくれないでしょ？　　　　　　　　　　　（従業員規模500人未満の企業）

　インボイス導入と同時に廃業する業者が複数あり、その後の人材確保が困難になるため事業の縮小及び利益（納税額）の低下が確実視できる。
　　　　　　　　　　　　　　　　　　　（従業員規模50人未満の企業）

　　仕入税額控除の対象になるか否かの情報が現場から経理部門に適切に集約できるかが疑問。経理担当者以外への周知が致命的に欠けており、法に基づく運用自体が現実的でない。　　（従業員規模10人未満の企業）

　　　　　出典：STOP! インボイス「経理担当者向け「インボイス制度」に関する意識調査」

　当然ながら経理担当者はあらゆる企業のバックオフィス業務を支える存在である。3人に1人が退職したり、残ったとしても著しくモチベーションが下がった状態では、企業活動に支障が出ることは必至。人員不足やモチベーション低

下によって経理部門だけではインボイス制度開始後に発生する新たな事務処理をこなせない状況に陥れば、その皺寄せはライン部門（直接売上に関わる部門）に及ぶ。つまり、インボイス制度の悪影響は全ての業界のあらゆる部署の会社員に波及する。

# 第4章

# 導入根拠も益税も真っ赤な嘘

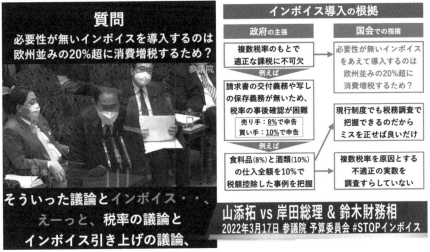

2022 年 3 月 17 日 参議院予算委員会 岸田総理答弁
筆者の YouTube チャンネルで図解と共に公開した質疑映像の一場面

# インボイスの導入根拠は存在しないことが国会で証明

## 政府が繰り返す「複数税率下での適切な課税に必要」は本当？

1章〜3章までお読み頂ければ、インボイス制度が実質的増税による収入減少、取引機会の喪失、人間関係への亀裂、無駄な事務処理の増加など一般国民が多大な不利益を被ることはご理解頂けただろう。

「とはいえ、政府が導入を進めるからには それなりの理由があるのでは？」

と考えている読者もまだいるだろう。そこで本章では国会質疑や裁判所判例などの具体的事実に基づいて、導入根拠の真偽を徹底的に掘り下げていく。

まず、国会でインボイス導入の根拠を問われた際、政府はどのように答えているのかを確認してみよう。2022年3月、国会で共産党・山添拓 議員はストレートにインボイスの必要性を自民党・鈴木俊一 財務大臣に問い質している。

> **山添拓 議員** インボイスを導入しても良いことはひとつも無いわけですね。（中略）財務大臣に伺いますが、ひとつひとつの取引にインボイスを発行し、膨大な事務負担を求める必要など無いのではありませんか。
>
> **鈴木俊一 財務大臣** 私どもと致しましては、複数税率のもとでインボイス制度は必要不可欠であると考えます。

出典：2022年3月17日 参議院予算委員会

政府はインボイスの導入根拠を問われると、この「複数税率下での適切な課税に必要」という趣旨の主張を繰り返している。現に筆者が国会会議録で2021年〜2023年の3年間を対象に「インボイス」と「複数税率」をキーワードに検索したところ約100件もヒットした。要は、政府が主張するインボイスの導入根拠はこの一点に大きく依存しているのだ。

だが、冷静に考えてほしい。日本で消費税が10％に引き上げられ、軽減税率

8％との複数税率が始まったのは2019年10月。それから約2年半がこの質疑の時点で経過していたが、制度変更を必要とするほどの大問題が起きていると聞いたことはない。

　それにもかかわらず、鈴木俊一財務大臣が「複数税率のもとでインボイス制度は必要不可欠」とまで言い切るのはなぜだろうか？例えば複数税率を原因とする不正や不都合が起きて、現状では適正な課税ができない事態に陥っているのだろうか？

　これについては、先ほどの山添拓議員の質疑のちょうど1ヶ月前、共産党・宮本徹議員の質疑とセットで振り返ると答えは自ずと見えてくる。

**宮本徹 議員**　複数税率を原因として具体的にどのような不適正が起きているのか、詳細を述べてください。

**鈴木俊一 財務大臣**　例えば料飲食業において、軽減された税率8％の食料品と税率10％である酒類の仕入について全額を標準税率10％で税額控除している事例など、取引先への確認を含めた税務調査等で不適正の事例が把握しているものと承知しています。

出典：2022年2月17日 衆議院予算委員会

---

**鈴木俊一 財務大臣**　売り手が軽減税率で申告しているものについて、買い手が標準税率で控除を行ったとしても書類が保存されていない場合があり、事後的な確認が困難となっているところでございます。こうしたことからインボイス制度は適正な課税を確保するために必要なものと考えております。

**山添拓 議員**　今もう複数税率が（2年半前の2019年10月から）始まっていますけど、いい加減な徴税をやっているってことなんですか？今、何か具体的に複数税率で不都合が生じるような、そういうことになっているんですか？

**鈴木俊一 財務大臣**　個別の具体の案件につきましては差し控えさせて頂きますが、例えば8％である食料品と10％である酒類の仕入について、全額を標準税率10％で税額控除しているような事例。こういうものが把握されているところであります。

**山添拓 議員**　把握できているのであれば適正化を図れば良いこと。8％と10％。

2種類の税率で、しかも食料品とその他という分け方であれば現在の帳簿方式でも大きな不都合はありません。

出典：2022年3月17日 参議院予算委員会

これらの政府答弁を整理すると、現状は「食料品（8％）と酒類（10％）の仕入全額を10％で税額控除した事例」＊を把握しているが、「請求書の交付義務や写しの保存義務が無く、税率の事後確認が困難である」ため、「適正な課税を行うためにインボイス制度が必要である」というのである。

たったこれだけである。

冗談でも誇張でもなく、本当にこれしかないのだ。政府のトップである岸田文雄総理も、所管である鈴木俊一財務大臣も、インボイスの導入根拠を問われると一貫してこの内容を答弁してきた。しかも、用意された原稿がこれしかないのか、コピペしたかのように毎回 一字一句ほとんど同じ内容だ。

しかし、税制度についてある程度の知識を持つ方であれば、普通はこう考えるのではないか。

「この事例はただのミスもあり得るし、そもそも現行制度で把握できているならミスを正せばよいだけではないか。制度変更の必要があるほど頻繁に起きているのだろうか？」

その疑問の答えも、すでに国会答弁で明らかになっている。

　**宮本徹 議員**　そうした事例（＝8％の食料品と10％の酒類の仕入全額を10％で税額控除）はどれぐらい起きているんでしょうか。
　**財務省 住澤整 主税局長**　お答え申し上げます。（中略）そうした事例だけを抜き出した集計は現時点では行っていないと聞いております。
　**共産党・宮本徹 議員**　そうした事例がどれだけ起きているかも分からないと。しかも、そうした事例も税務調査すれば把握できているわけですよね。インボイス導入する必要性なんてどこにもないじゃないですか。

出典：2022年2月17日 衆議院予算委員会

---

＊まとめて10％で控除した事例の計算方法を補足する。例えば飲食店が卸売業者から豚肉を1000円で仕入れた場合。この飲食店が国に消費税を納税する際、食料品である豚肉には軽減税率8％を適用すべきだが、誤って10％の消費税で申告すると、この飲食店は納税額を20円〈＝1000円×（10％-8％）〉少なくできてしまう。

　このやり取りを見ると、「適正な課税を行うことをインボイス制度導入の唯一の根拠に挙げながらも、その気になれば税務署が調べられる事例数すら調べないということは、正当な導入根拠は無いのでは？」と思う方もいるのではないか。

　その通り。インボイス導入に正当な根拠は無いのだ。ここまで紹介した「政府の主張」と「国会での指摘」を図解すると、【図10】のようになる。政府の主張が完全に破綻していることは明白だ。

## 【図10】インボイス導入根拠の実態

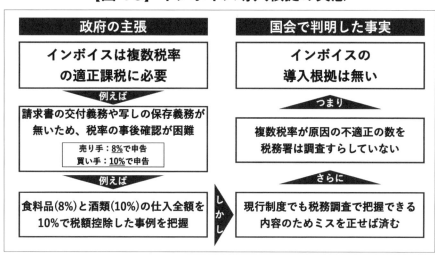

　ちなみに、複数税率を原因とする不適正の数を調査したのかについては、その後も STOP! インボイスなどが指摘し続けたが、結局2023年10月の制度開始まで財務省・国税庁は調査も報告も一切行わなかった。ここまで具体的に国会で指摘されても1年半以上も放置し続けたことから判断して、やはり偽りの導入根拠だったのだろう。

　さらに、インボイス導入前と後の請求書（【文書2】）を見比べると、政府の「インボイス制度は複数税率のもとで適正な課税を行うために必要」という主張が真っ赤なウソであることはさらに明白になる。

| インボイス制度導入前(現行)の請求書<br>区分記載請求書等保存様式 | インボイス制度導入後の請求書<br>適格請求書等保存方式(インボイス方式) |
|---|---|

**インボイス制度導入前(現行)の請求書　区分記載請求書等保存様式**

請求書　　　　△△商事㈱

㈱○○御中
11月分　　131,200円　　　××年11月30日

| 日付 | 品名 | 金額 |
|---|---|---|
| 11/1 | 魚※ | 5,000円 |
| 11/1 | 豚肉※ | 10,000円 |
| 11/2 | キッチンペーパー | 2,000円 |
| | ··· | |

| 合計 | 120,000円 | 消費税 | 11,200円 |
|---|---|---|---|
| 8%対象 | 40,000円 | | |
| 10%対象 | 80,000円 | | |

※は軽減税率対象

⇒

**インボイス制度導入後の請求書　適格請求書等保存方式(インボイス方式)**

請求書　　　　△△商事㈱

㈱○○御中
11月分　　131,200円　　　××年11月30日
　　　　　　　　　　　　　　T12345678…

| 日付 | 品名 | 金額 |
|---|---|---|
| 11/1 | 魚※ | 5,000円 |
| 11/1 | 豚肉※ | 10,000円 |
| 11/2 | キッチンペーパー | 2,000円 |
| | ··· | |

| 合計 | 120,000円 | 消費税 | 11,200円 |
|---|---|---|---|
| 8%対象 | 40,000円 | 消費税 | 3,200円 |
| 10%対象 | 80,000円 | 消費税 | 8,000円 |

※は軽減税率対象

① 請求書発行者の氏名又は名称
② 取引年月日
③ 取引の内容
④ 税率ごとに合計した対価の額（税込価格）
⑤請求書受領者の 氏名又は名称

左記①〜⑤に以下を追加
⑥登録番号
⑦適用税率
⑧消費税額

【文書2】2022年6月16日インボイス制度の中止を求める税理士の会 記者会見 配布資料 P10

　左右の請求書（左側：現行、右側：インボイス導入後）で大きく異なるのは、登録番号（Tから始まる数字の文字列）の有無のみ。左側（現行）に登録番号が無いからといって適正な課税ができない理由にはならない。現に、日本で複数税率が始まった2019年10月からインボイス制度が2023年10月に開始するまでの4年間にわたって消費税申告は適正に行われていた。

　むしろ、右側（インボイス導入後）の請求書に変わることによって、経理担当者等は請求書1枚ずつに対して登録番号の有無、正しさを確認する手間が増える。つまり、「適正な課税を行う」という本来の目的は全く達成されない一方、事務負担は膨大に増えると断言できる。

## 本当の狙いは将来的な20%超の消費増税

　ここまで読んで、インボイス導入にメリットがほとんどなく、導入根拠も乏

しいことがお分かりいただけただろう。では、なぜ政府は必要のないインボイスを導入したがるのか？　これについては、すでにインボイスを導入している国の税制度を見ると答えは自ずと見えてくる。

フランス：標準税率20％、旅客輸送・外食サービス 10％、書籍・食料品・スポーツ観戦・映画 5.5％、新聞・雑誌・医薬品 2.1％
スウェーデン：標準税率25％、食料品・宿泊・外食サービス 12％、新聞・書籍 6％

出典：2022 年 3 月 17 日 参議院 予算委員会の質問中に山添拓議員が例示

　上記のように、20％ 超の標準税率と複数の軽減税率から成る税制度を採用している国の場合、インボイス制度は確かに有効だ。標準税率と軽減税率の差が 10％ 以上と大きいために、納税者の虚偽申告を防止するメリットは大きく、また、3 パターン以上もある複雑な税率計算に対応するという意味もある。
　だが、日本では標準税率と軽減税率の差が小さく、税率のパターンもわずか2 パターンしかない。なのになぜ、インボイス制度を導入しようとしているのだろうか。勘の良い読者はもうお分かりだろう。つまり、インボイス導入の本当の狙いは、将来的な 20％ 超の消費増税にあるのではないか。この疑惑もすでに国会で質問されていた。

　**山添拓 議員**　総理に伺います。現在の日本の消費税のもとでは必要の無いインボイス制度。大きな不都合が生じているわけではない、インボイス制度をわざわざ導入しようとするのは、これは日本にも欧州並みの 20％ 台、そういう消費税を導入することを目指しているのですか。
　**岸田文雄総理**　少なくとも消費税について、何か触れる・・税率に触れるということは考えてはおりません。今、インボイス導入がそうした税率引き上げを目指しているのではないか、こういったご質問でありましたが、そういった議論とインボイス…税率の議論とインボイス引き上げの議論、これは結びついているものではないと認識をしております。
　**山添拓 議員**　それなら、おやめになったら良いと思うんですね。インボイス制度を導入することを。

出典：2022 年 3 月 17 日 参議院予算委員会

　当時は岸田文雄総理はこの疑いを明確に否定していたが、答弁の際には言い淀み・言い間違いが多く、明らかに動揺した様子。まさに図星を突かれたという反応（【本章扉】）に見える。

　百歩譲って日本が欧州のように 20% 超の消費税を目指すとしても、その大前提は税収がしっかりと国民の社会保障のために有効活用されることだ。しかし、現政権は 2022 年に 14 兆円超という信じられない規模のコロナ予備費の使途不明が発覚。さらに直近では 2023 年の暮れに自民党の国会議員 100 名前後が関与したと見られる裏金問題も発覚。数千万円単位の裏金で私服を肥やした議員は 10 名以上にのぼったが、収支報告書の不記載が 3 千万円以下は不問という謎のルールによって大半の裏金議員は野放しのままだ。このような惨状のまま大増税を行えば、国民が今以上に搾取されて生活に困窮するのは目に見えている。


# 岸田総理のインボイスに対する本当の理解度


## 首相会見で自ら質問した結果

　インボイスの導入根拠は無いことが明確になった国会質疑から約半年が経過した 2022 年 10 月、筆者は岸田文雄総理にこの問題を直接質問する機会に恵まれた。同年 8 月、「民主党政権以来 10 年ぶりに新規登録に成功したフリーランス記者」として首相会見に参加できるようになり、2 回目の現地参加となった 10 月 28 日に早くも初指名されたのだ。ちなみに同会見ではフリーランスは新規登録に成功しても抽選に当選しないと参加できず、さらに挙手し続けても指名されることは非常に稀。そのため大半のフリーランスは年に 1 回程度（さらに少ない場合もあり）しか質問機会を得られない。こうした状況にもかかわらず、2 回目の現地参加で初指名されたのは非常に幸運だった。さらに、わずか

2 日前（10 月 26 日）に STOP! インボイスが日比谷野外音楽堂で初めての大規模イベントを開催して問題意識が高まりつつある時期であり、今思えば奇跡的なタイミングだった。

　インボイスの導入根拠は無いことが明確になった国会質疑から約半年が経過しても政府の説明は全く変わらないままのため、他にまともな導入根拠があるのかを筆者は岸田総理に次のように質問した。

「フリーの犬飼です。実質的増税であるインボイスの導入根拠を改めてお答えください。ただし、これまで総理が国会で繰り返し説明されてきた、複数税率下での適切な課税に必要という主張。その唯一の具体例である税率 8% と 10% の商品をまとめて 10% で控除した事例の数を政府は集計すらしておらず、導入根拠として全く成立していないということが、今年 2 月の段階で国会で明らかになっています。ですので、これ以外でもしインボイスのまともな導入根拠が存在するのであれば ご説明ください」

　この質問の意図を補足すると、残念ながら 2012 年末に発足した第 2 次安倍政権以降の首相会見では事前に用意した原稿を読み上げるだけで回答を済ませることが常態化し、回答が質問とずれた内容であっても「更問い」も禁止という方針のため、質疑は深まらない。そこで、岸田総理がまともに回答しないことは見越した上で、インボイスの導入根拠が存在しないことを端的に浮き彫りにすることが質問の狙いだった。しかし、岸田総理の回答はこちらの想像の範疇を超えていた。約 2 分間にわたって長々と回答したのだが、全くと言っていいほど中身がなく、岸田総理はインボイスの導入根拠を説明できないどころか、そもそもインボイスの仕組みを理解できていないことが強く疑われる内容だった。
　回答を一字一句忠実に書き起こした内容と、質問との関係を整理した【図 11】をご覧頂きたい。

　岸田総理は冒頭の 1 段落目で「手元に（原稿が無いので）承知しておりません」と正直過ぎる告白を行い、説明できないことを実質的に認めた後は、質問

## 【図11】2022年10月28日 首相会見 インボイス導入根拠 回答

う〜ん、ちょっと、その〜、質問の途中の、こういう指摘がありましたという部分については、あの〜、ちょっと私、今、い〜、手元に、で、承知しておりませんので

→ 回答

え〜っと、これは、あの〜、理由については、これは、あの、何といっても、この複数税率の中で、適正な、あ〜、この課税を確保するために必要である、これが基本であり、これは何よりも重要な理由であると思っています。

→ 周知の事実
「複数税率下の適切課税」の再説明

ですから、その理由に向けて、政府は国民の皆さんに説明し、そして、様々な不安に応えていかなければならない。これが、まあ、政府の基本的な姿勢であると、あ〜、思ってます。

→ 論点のすり替え
「複数税率下の適切課税」以外のまともな導入根拠 ▷ 「複数税率下の適切課税」が導入根拠であることの周知

これまでも様々な説明、あるいは支援を行っていましたが、まさに今日説明している総合経済対策の中においても、え〜、持続化補助金についてこのインボイス発行事業者が転換した、あ〜、場合に、い〜、補助金上限額の一定引上げですとか、あるいはIT導入補助金についてインボイス対応のための会計ソフトを購入できるよう、補助対象の拡大など、様々な対策を用意したということであります。

→ 質問と無関係
総合経済対策の内容

え〜、引き続き説明、努力を続けると同時に、え〜、関係者の皆さんの不安に応えていくために、具体的な支援策、これからも用意しながら、え〜、政府として万全の対応をとっていきたいと考えています。それ以外にも、中小、え〜、小規模事業者の皆さんの懸念に対しまして、様々な対策を用意していることを説明しながら、国民の皆さんの理解を得ていきたいと思っています。

→ 論点のすり替え
導入の根拠 ▷ 導入を前提とした対応方針

とかけ離れた内容を延々と喋り続けたに過ぎない。

　まず２段落目では、筆者が質問時に「導入根拠として成立していない」と釘を刺した「複数税率下の適切課税」という周知の事実を再説明し、続く３段落目ではそうした導入根拠を「周知」していくという論点のすり替えに終始。４段落目では当日の会見で冒頭に説明した「総合経済政策」という質問と無関係な内容を紹介し、最後の５段落目は「導入を前提とした対応方針」に論点をすり替え。つまり、質問の回答と言えるのは、説明できないことを実質的に認めた冒頭の１段落目のみ。

## 予定調和な会見進行への抵抗

　この質疑で筆者は予定調和な首相会見の進行に対して、ささやかな抵抗も試みた。昨今の首相会見では総理がどれだけ質問とかけ離れた内容を回答しても、あたかもまともに回答したかのような空気感で質疑を終えてしまうため、回答後に「総理は導入根拠を説明できないと確認できました。ありがとうございました。」（【写真1】）とハッキリとマイクに向かって発言してから質疑を終えたのだ。

　これは、ややリスキーな行動でもあった。というのは、昨今の首相会見では質問者に追加質問を決して認めないために質問が終わった記者はすぐにスタンドマイクから離れて自席に戻らせる運用になっている。

　ちなみに会見室にスタンドマイクは4本だけ設置され、記者は指名された場合は自席から最も近いスタンドマイクの前に移動して質問する形式になっている。

　現に、当日の会見においても私以外に質問した9名の記者は質問後は即座に大人しく自席に戻り、自席で座りながら総理の回答をお行儀良く拝聴していた。そして、回答がどれだけ不十分であっても質問者は既にスタンドマイクから離れた自席にいるため、追加質問どころか回答を受けてのコメントすらも難しい

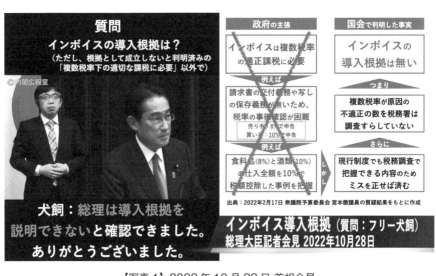

【写真1】2022年10月28日 首相会見
*筆者のYouTubeチャンネルで図解と共に公開した質疑映像の一場面

状況になる。そのため約2分間にわたった総理の回答中、スタンドマイクの前にとどまったまま決して自席に戻ろうとしない筆者のイレギュラーな行動は、会見室（特に司会者である四方敬之内閣広報官）にわずかな緊張を走らせていた。力ずくで自席に戻らされることはさすがに無かったものの、総理の回答後に筆者が再びマイクに向かって発言することを強く警戒していた様子の司会者は、すぐ次の質疑に移るために総理が回答を終えた途端に「それでは最後の質問！」と発言。筆者も負けじと声を張って、なんとか最後のコメントだけは言い切ったという状況だった。

そして、これが筆者にとって（2024年1月末時点で）最初で最後の首相会見での指名となった。その後も抽選に当選した回は7回あり、毎回真っ先に挙手し続けたが、1度も指名されていない。実に1年3ヶ月にわたって、いわゆる「指名NG」状態となったのだ。

## ▍益税は存在しないことを裁判所が判決

### レシートによる日常的な洗脳

インボイスのもう一つの導入根拠として、いわゆる益税論も挙げられる。「消費者が業者に支払った消費税の一部が、納税されずに業者の利益となってしまう（＝益税）のはずるい」という趣旨の主張だ。複数税率下での適切課税という導入根拠が真っ赤な嘘と判明した中、この益税論はインボイス導入根拠の最後の砦と言える。現に、制度開始まで1年を切ったタイミングで多くの大手メディアはこの益税論に沿った報道を強め、免税事業者バッシングの空気醸成に加担した。この益税論の真偽を確かめていきたい。まず、こちらのレシート（【文書3】）を見て頂きたい。

これは筆者がカフェで780円の飲食した際のレシート。その780円には、消費税10%に相当する70円が含まれている。このレシートを受け取ったら誰もが「自分は780円の飲食をした際に消費税70円も支払った」と考えるだろう。

しかし、それは大変な誤解である。

　正確に言えば、消費者がそのように誤解するよう国家ぐるみで仕向けていると言ってもいいかもしれない。現にこのことは国が 30 年以上前の裁判で自ら認めているのだ。裁判の判例や法律の条文に則って、これらを解き明かしていく。

　まず、先ほどのレシートで挙げたカフェを始めとするお店（課税事業者）の仕入税額控除を例に、来店客（消費者）への商品販売、国への消費税の納税を【図 12】で整理する。

　多くの国民は、さきのカフェで来店客が本体価格（710 円）と消費税（70 円）を支払っていると認識しているのだが、実は来店客が支払っているのはあく

【文書 3】カフェのレシート

までも取引価格（780 円）に過ぎず、カフェは「粗利（＝売上金額－仕入金額）に対する消費税（＝10/110）を算出して納税している」というのが正確な理解と言える*。

## 【図 12】消費税の誤解

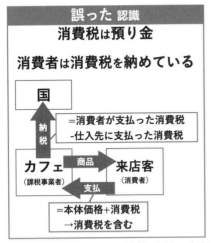

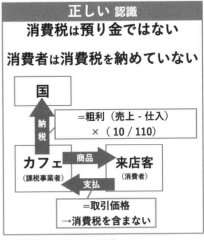

＊消費税法の立法行為と国家賠償責任等の訴訟（1990年3月26日 東京地裁）の判決に従って記載
＊判決時（1990年）の消費税は3%だが、本スライドでは計算を簡略化するため現時点（2024年）の10%を採用する

---

＊　主に 1 ～ 2 章で仕入税額控除を図解する際、末端の支払金額に消費税が含まれているように見えたり、受け取った消費税と支払った消費税の差額で納税額を算出するように見える記載があったが、それは説明や計算の便宜上であり、厳密には【図12】が正しいとご理解頂きたい

　この解釈の1つ目の根拠として、消費税法で納税義務者は「消費者」ではなく「事業者」であると明記されている。

> **第4条（課税の対象）**　国内において事業者が行った資産の譲渡等および特定仕入には、この法律により消費税を課する
>
> **第5条（納税義務者）**　事業者は、国内において行った課税資産等の譲渡等および特定課税仕入につき、この法律により消費税を納める義務がある
>
> 出典：消費税法

　カフェの例で言えば、消費税を支払っているのは来店客（消費者）ではなく、カフェ（事業者）なのである。

## 益税を完全否定した1990年東京地裁判決

　そして、2つ目の根拠が、消費税法の立法行為と国家賠償責任等の訴訟（1990年3月26日 東京地裁）の判決結果である。この判決は消費税の解釈について重要な意味を持つため詳しく紹介する。

　竹下登 総理（当時）の自民党政権が消費税を導入した1989年、原告（サラリーマン新党 青木茂氏ら）は「事業者は消費者からの預り金である消費税の納税を仕入税額控除によって免れており、ピンハネしている」と主張して、被告（国・竹下総理）に対して国家賠償責任を問う訴訟を起こした。この原告の主張はインボイス開始を目前に控えた2022年～2023年に「益税がある」と主張した人々の考え方と酷似している。

　これに対し被告である国は原告の主張を真っ向から否定。裁判所も翌1990年3月26日の東京地裁判決で原告の主張を明確に否定し、原告の請求は棄却された。判決で否定された原告の主張、判決で肯定された被告（国・竹下総理）の主張を整理すると【図13】のようになる。

## 【図13】消費税をめぐる判決結果

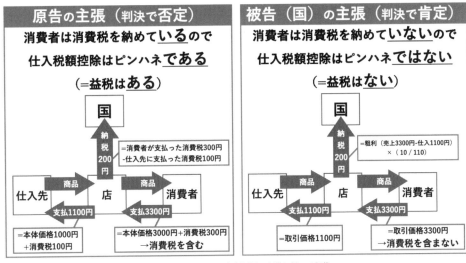

*消費税法の立法行為と国家賠償責任等の訴訟（1990年3月26日 東京地裁）の判決に従って記載
*判決時（1990年）の消費税は3%だが、本スライドでは計算を簡略化するため現時点（2024年）の10%を採用する

事実、判決では「消費者は消費税を納めていない」ことが明確に述べられている。

　消費者が消費税の納税義務者とはいえない

出典：1990年3月26日 東京地裁 判決「判決理由の要旨1」

　消費者が事業者に支払う消費税分は、商品や役務の一部としての性格しか有しない

出典：1990年3月26日 東京地裁 判決「判決理由の要旨2」

　さらに、被告（国・自民党 竹下総理）は、原告が主張するピンハネを否定するにあたって、このように述べている。

　　事業者が取引の相手方から収受する消費税相当額は、あくまでも当該取引において提供する物品や役務の対価の一部である。この理は、免税事業者や簡易課税制度の適用を受ける事業者についても同様であり、結果的に

　これらの事業者が取引の相手方から収受した消費税相当額の一部が手元に残ることとなっても、それは取引の対価の一部であるとの性格が変わるわけではなく、したがって、税の徴収の一過程において税額の一部を横取りすることにはならない。

出典：1990年3月26日 東京地裁 判決「被告らの主張」

　つまり、「消費者が納めた消費税を免税事業者が横取りして納税しないのはズルい」という益税論者の主張を、国および自民党が30年以上前に完全否定していたのだ。「免税事業者」が「消費税相当額の一部が手元に残ることになったとしても」「税額の一部を横取りすることにはならない」と被告（国）は明確に主張しているのだから。そして、この主張を裁判所も概ね認めている。

## 疑問・反論のQ&A

　とはいえ、いきなり「消費者は消費税を支払っていない」と言われても信じられない方が多いと思われるので、これ以降は予想される疑問・反論にQ&A形式で答えていきたい。

## Q.なぜレシートには金額の内訳に「消費税」と記載されているの?

　総務省が表示を義務付けているから。ただ、それだけだ。そして、これによって買い物の度に消費者は消費税が記載されたレシートを受け取ることになり、「自分は消費税を支払っている」と錯覚する最大の原因にもなっている。
　また、「消費者は消費税を支払っている」という誤解が広まった現状においては、事業者としても消費税を記載した方が価格の妥当性を消費者に納得してもらいやすい面もあるからだろう。例えば、昼休みに訪れた定食屋の会計が1080円だったら「ランチで千円超えは高いな。次は別の店にしよう」と考えるかもしれないが、受け取ったレシートに「A定食982円＋消費税98円」と書かれていれば、「料理自体は1000円以下だったならば妥当かな」と捉えてリピーターになるかもしれない。だが、実際のところ定食屋と来店客の取引において消費税という概念は存在せず、「A定食は1080円」という事実があるだけなのだ。

## Q.「消費税は預り金」という税務署のポスターを見た覚えがあるけど、あれは嘘だったの?

　これに関してはその通り、嘘と言わざるを得ない。正確に説明すると、そのような誤解を招くように仕向けたポスターを国税庁（税務署）は 1990 年代以降につくり続けた。具体例を 3 つ紹介する。

　　「ちゃんと消費税も払っているのに、それを預かる人のなかにきちんと税
　　務署に納めない人がいるなんて、ぜったい許せないじゃん」　滞納しない、
　　正しい納税　　　　　出典：室井滋さんを起用した税務署ポスターのキャッチコピー

「消費税は預り金ではない」という判決がある上、国が「免税事業者が消費税相当額の一部が手元に残ることになったとしても税額の一部を横取りすることにはならない」と裁判で主張していたにもかかわらず、事業者を「預かる人」と表現して、事業者による消費税の横取りを印象付ける文言が並んでいる。

　　「オレが払った消費税、あれっていわば預り金なんだぜ」　マナーだよ全
　　員納税　　　　　　　出典：いかりや長介さんを起用した税務署ポスターのキャッチコピー

「預かり金ではない」という判決を意識したのか、今度は「いわば預り金」という苦しい表現。しかし、本当に預り金ならば「いわば預り金」などという言葉にするはずがないので、「預り金」とハッキリ言い切れないことを税務署が改めて認めたとも言える。

　　「とめないで！私の払った消費税」

　　　　　　　　　　　　出典：宮地真緒さんを起用した税務署ポスターのキャッチコピー

「預かり金」で攻めるのは厳しいと判断したのか、今度は事業者が消費税を「止めている（＝横取りしている）」という誤解を与えるポスターも出てきた。これらのポスターで国税庁は、裁判の判例もあるため「預り金」や「横取り」とはハッキリ

書けないものの、それを連想させる言葉によって国民の誤解を狙ったのではないか。

## Q.では、益税は全くないの?

　一般に問題にされている免税事業者（売上高1000万円以下）の益税は、これまでに紹介した裁判の判例や法律の条文に基づけば、「無い」と断言できる。ただし、トヨタを始めとする輸出企業は「輸出免税（輸出戻し税）」という仕組みによって、自らは消費税を支払わないどころか消費税によって利益を増やしている。どういうことかというと、一般的な仕入税額控除では【図14】のように売上に係る消費税から仕入に係る消費税を差し引いた額を納税している。

　しかし、トヨタ等の輸出企業の仕入税額控除（【図15】）は様相が全く異なる。

　輸出先である海外企業Cに対する売上は国外販売のため免税となり、売上に係る消費税は0円。一方、下請企業Aに対する仕入に係る消費税は1000円。この結果、仕入税額控除による消費税額はマイナスという事態になる。こうしたケースの場合、輸出免税（輸出戻し税）の考え方では、下請企業Aへの支払に係る消費税1000円は税務署を通じて「輸出戻し税」として輸出企業Bへ還付される。つまり、輸出企業は消費税を一切支払わない一方、消費税還付で収入を得る。この仕組みでは、消費税が上がるほど輸出企業の還付金は増え、利益を容易に増やすことが可能になる。

　現に、このカラクリに支えられてトヨタを始めとする輸出大企業は消費税が10%に上がった2019年10月以降は年間数百億円～数千億円の莫大な還付金を得るようになった。

### 輸出大企業 上位10社が輸出免税で得た消費税還付金（2020年度）

トヨタ自動車 4578億円　　SUBARU607億円
本田技研工業 1681億円　　三菱自動車 600億円
日産自動車 1628億円　　キヤノン 525億円
マツダ 957億円　　パナソニック 472億円
村田製作所 758億円
豊田通商 636億円

出典：全国商工新聞（2021年11月1日）「輸出大企業に消費税1.2兆円超還付　税率10%で1810億円増大」
※税理士の湖東京至氏が各社の決算書類をもとに推計計算

## 【図14】通常の仕入税額控除

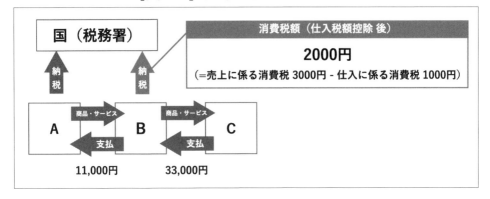

## 【図15】輸出免税の仕入税額控除

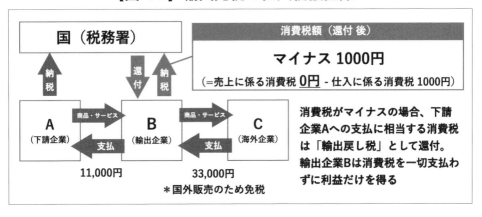

　この影響で輸出大企業所在地の税務署は軒並み赤字に陥り、トヨタを管轄する愛知県の豊田税務署は2019年度に4000億円以上の赤字を計上している。

### 消費税 税収ワースト5の税務署の赤字額（2019年度）

豊田税務署（愛知県）赤字4073億円 → トヨタ本社があるため

海田税務署（広島県）赤字856億円 → マツダ本社があるため

神奈川税務署（神奈川県）赤字 697 億円 → 日産本社があるため

右京税務署（京都府）赤字 548 億円 → 村田製作所本社があるため

今治税務署（愛媛）赤字 251 億円 → 今治造船など造船業があるため

出典：全国商工新聞（2021 年 11 月 1 日）「輸出大企業に消費税 1.2 兆円超還付　税率 10% で 1810 億円増大」
※税理士の湖東京至氏が各国税局の発表値をもとに作成

　本来、「還付」は自らが納めすぎた税金を返してもらう制度のはずだが、この輸出免税では下請企業が税務署に納めた消費税を輸出企業が「横取り」しており、明らかに「還付」の本質から外れる。本来、これこそが「益税」として糾弾されるべきではないか。しかし、政府はこうした輸出大企業の益税には一切触れない一方、年間売上 1000 万円以下の免税事業者に対しては「益税がある」という誤解を招いてまで搾取しようとしている。インボイスによって免税事業者を課税事業者に切り替えさせることで増える税収は年間 2480 億円程度（2019 年 2 月 26 日 財務金融委員会 答弁）とされており、輸出大企業の上位 10 社が輸出免税の還付で得た 1 兆 2442 億円（2020 年 実績値）の方が 1 兆円も多いにもかかわらずだ。

　本来であれば、税収の観点からも「益税」を問題にすべきは輸出大企業の輸出免税。強い者には弱く、弱い者には強いという現政権の姿勢が消費税やインボイスをめぐる政策には如実に現れていると言える。

### Q.とは言え「消費税」という名前なのだから、やはり消費者が支払う税金では？

　まさにそのような誤解を狙って、「消費税」という実態とはかけ離れた名称が付けられたのではないか。そもそも事業者の売上に対する税金を「消費税」と呼んでいるのは日本だけで、世界的には「付加価値税」と呼ばれている。事業者の粗利（＝売上金額－仕入金額）に一定の税率をかけて納税するという性質を踏まえれば「付加価値税」もしくは「粗利税」や「売上税」という名称が実態にも合う。実際、1987 年に中曽根政権（自民党 中曽根康弘総理）は現在の消費税にあたる税金を「売上税」という名称で国会に法案を提出。この際は「売

上税」という名前が抵抗感を生んだことに加えて税率が5％と高かったこともあり、国民の猛反発で廃案に追い込まれた。

　その後、竹下政権が1989年に「消費税」という名称で導入。この「消費税」という名称は、全ての消費者から広く薄く徴収するという一見もっともらしい大義名分が成り立っていたため国民の反発も和らぎ、同時に「消費者は消費税を納めている」という誤解のもとになった。

## 【図16】輸出免税とインボイス増税の金額比較

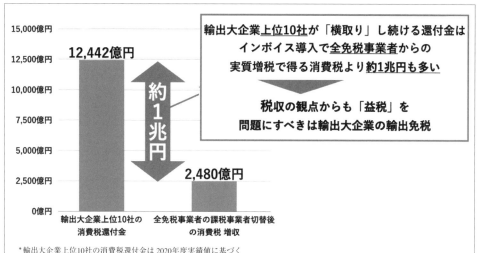

\* 輸出大企業上位10社の消費税還付金は2020年度実績値に基づく
\* 現行の免税事業者を課税事業者に切り替えさせることで増える税収 年間2480億円の根拠は2019年2月26日 財務金融委員会 答弁に基づく

# ついに国会で露呈した、30年以上にわたる消費税の嘘

## 益税論に終止符を打つ歴史的答弁「消費税は預かり税ではない」

　30年以上にわたって消費税の誤解を広めてきた政府・財務省・国税庁。しかし、2023年2月10日の衆議院 内閣委員会（質問：れいわ新選組 多ヶ谷亮 議員、答弁：自民党 金子俊平 財務大臣政務官）で、益税論争に終止符を打つほどインパクトのある決定的な政府答弁が飛び出した。遂に政府が「消費税は預かり金 ではない（＝益税は無い）」と国会で明言。必然的に「税の公平性」というインボイスの導入根拠も偽りと露呈。この歴史的な国会質疑を具体的に紹介する。

　本質疑で大変重要な意味を持つ1990年の東京地裁判決については先ほど紹介した通りだが、簡単におさらいする。この判決では、消費税について次の重要な判断（【図17】）が示された（この司法判断は2024年2月現在も維持されている）。

## 【図17】益税をめぐる1990年東京地裁判決のポイント

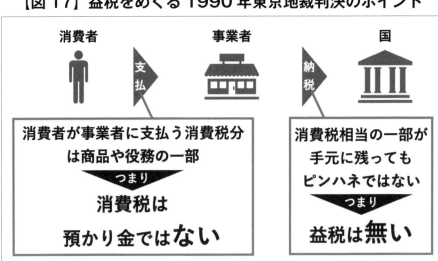

＊被告（旧大蔵省・自民党など）も判決と同じ内容を主張

出典：1990年3月26日 東京地裁判決を抜粋

・消費者が事業者に支払う消費税分は商品や役務の一部であり、消費税は預かり金ではない。
・ゆえに、消費税相当の一部が事業者の手元に残ったとしてもピンハネではなく、益税に当たらない。

　さらに、財務省や自民党が積極的に益税の存在を主張する今となっては信じがたいが、被告側の旧大蔵省（財務省の前身）や自民党も訴訟では判決とほぼ同じ内容を主張。益税の存在を否定していたのである。
　多ヶ谷議員はこの判決の経緯をきっちりと紹介した上で、今現在の政府の認識を質問。

> **多ヶ谷亮 議員**　（1990 年東京地裁判決では）「益税、預り税ではない」と言っています。また、「消費税は売上金の一部であり、預かり金ではない」となります。そこで政務官にお伺いします。消費税はこの旧大蔵省が主張したとおり、「預かり税じゃない」ということで、よろしいですか？
> **金子俊平 財務大臣政務官**　多くの皆様方に誤解を与える答弁を過去ずっとさせて頂いているのかもしれませんが、「預かり金的な性格でありまして預かり税ではありません」という答弁を過去ずっと財務省はさせて頂いております。
> **多ヶ谷亮 議員**　「預り税ではない」ということでよろしいですね？
> **金子俊平 財務大臣政務官**　その認識で結構でございます。
> **多ヶ谷亮 議員**　「預り税ではない」ということで私の認識と一致しております。要するに、「益税は無い」ということですね。そういうことですね。益税には当たらないと。
>
> 出典：2023 年 2 月 10 日 衆議院 内閣委員会

　このように多ヶ谷亮 議員は何度も念押ししながら、「消費税は預かり金（税）でなく、益税も無い」という趣旨の政府答弁を明確に引き出している。一方の金子財務大臣政務官はあたかも従来も同じ答弁を繰り返してきたかのように振る舞っているが、事実は異なる。
　これまで政府は「消費税は『預かり金』的な性格を有する」という微妙な言

い回しに終止し、「消費税は預かり金ではない（＝益税は無い）」と明言する答弁は頑なに避けてきた。そこまでして長年隠してきた「不都合な真実」を政府がハッキリと認めたという意味で、この答弁は歴史的と言える。（【写真2】）

## ドミノ倒しのように崩れるインボイス導入根拠

　この歴史的答弁を受けて、多ヶ谷議員はインボイスの導入根拠を政府に問い質す。政府がその導入根拠に挙げていた「税の公平性」の大前提である益税（＝免税事業者は消費税をピンハネして不当な利益を得ている）を自ら否定した直後のため、ドミノ倒しのようにインボイスの導入根拠は崩れていき、金子俊平財務大臣政務官は完全に答弁不能に陥る。*

　　**多ヶ谷亮 議員**　そもそもインボイスはなぜ導入されるんですか？
　　**金子俊平 財務大臣政務官**　消費税が10％に上がるにあたりまして（中略）

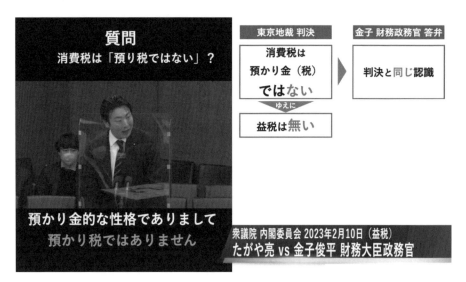

【写真2】2023年2月10日 衆議院内閣委員会 金子政務官答弁
*筆者のYouTubeチャンネルで図解と共に公開した質疑映像の一場面

---

* これ以降、金子政務官は質問と無関係な原稿を読み上げるばかりのため、答弁は適宜省略して記載する。

10% と 8% の税率が 2 つ存在する中で（中略）税率に見合った税額分をご負担頂くために導入させて頂くことになりました。

**多ヶ谷亮 議員**　本当ですか？それ？今、「益税も無い」と。「預り税ではない」という話でした。（中略）「税の公平性」と言うんだったら、そもそも益税は無いのだから論理破綻してませんか？

**金子俊平 財務大臣政務官**　消費税は（中略）事業者の方々が価格転嫁できることは重要であると考えております。

*筆者注：質問と無関係な「消費税の価格転嫁の考え方」を長々と答弁したため省略

**多ヶ谷亮 議員**　いや、何言ってるかちょっと分からない。質問に答えてないです。もう 1 回。役人の方もちゃんとしないと、政務官が恥をかきますよ。

**金子俊平 財務大臣政務官**　繰り返しになりますけど（中略）消費税は消費税分が売上時に対価に含まれて納税されるまでは事業者のもとに留まることから預かり金的性格を有すると財務省からは説明させて頂いています。

*筆者注：質問と無関係な「預かり金の従来説明」を長々と答弁したため省略

**多ヶ谷亮 議員**　根本的に会話が噛み合ってないですけど……。

出典：2023 年 2 月 10 日 衆議院 内閣委員会

　3 回連続でトンチンカンな答弁が続いたことで、多ヶ谷亮議員は諦めて次の論点に話を移したが、政府がインボイスの導入根拠に挙げてきた「税の公平性」は完全に論理破綻していることが国会で明白になったと言える。

　先に紹介した約 1 年前（2022 年 3 月 17 日）の山添拓議員の別の観点（政府がインボイス導入根拠に挙げる「8% と 10% の商品をまとめて 10% で控除した事例」は本当に存在するのか）での国会質疑においても「インボイスの導入根拠は無く、本当の目的は将来的な 20% 超の消費増税である」ことが岸田文雄総理および鈴木俊一財務大臣の答弁で垣間見えていたが、今回は益税という観点でもインボイスの導入根拠が無いことが明らかになった。

　しかし、ほとんどの国民はこうした重要な国会質疑の存在を全く知らなかっただろう。テレビ・新聞を始めとする大手メディアが徹底的に黙殺したからだ。次の 5 章では、本質的な問題点を矮小化・ミスリードしたインボイス増税の共犯者たちに焦点を当てる。

# 第**5**章
## 増税の強力なサポーターたち

2023 年 6 月 22 日 クールジャパンを壊すインボイス制度の中止を求める外国特派員協会 記者会見。左から西位輝実氏、植田益朗氏、岡本麻弥氏、湖東京至氏

# 報道どころか現場に現れない大手メディア

## 絵になるイベント以外、記者席はいつもガラガラ

　4 章で紹介した通り、政府が主張する導入根拠が偽りであることは 2022 年 2 月〜 3 月、さらに益税論が破綻したことは 2023 年 2 月の国会質疑でハッキリした。しかし、制度開始までそれぞれ 1 年半〜半年以上という十分な時間的猶予があったにもかかわらず、インボイスにまともな導入根拠はなく実質的な増税であるという問題の核心を 2023 年 10 月 1 日より前に国内の大手メディア*は決して報じなかった。この状況は、2024 年 2 月現在も変わっていない。

　また、手前味噌ではあるが、2022 年 10 月の首相会見では制度開始まで 1 年を切ったタイミングになっても岸田総理はインボイスの導入根拠を説明すらできないことが筆者の質疑で露呈した。しかし、この質疑の存在自体を大手メディアは黙殺した。岸田総理に近い最前列の席を用意された内閣記者会** 常勤幹事社***19 社は、質疑を目の前で聞いていたにもかかわらず、関連報道は産経新聞の文字起こし記事 1 件のみ。しかも、筆者の最後の発言「総理は導入根拠を説明できないと確認できました」を削除したことを始め、あたかも岸田総理がまともに回答したかのように全体的に要約されていた。

　市民団体の STOP! インボイスがインボイス反対オンライン署名を立ち上げたのは 2021 年 12 月。それから遅れること約 4 ヶ月、翌 2022 年 4 月に筆者もインボイス制度の深刻さに気付き始めて関連記事を執筆するようになり、STOP! インボイスを始めとして制度に反対する市民団体が開催した主なイベントには基本的に全て現地参加してきた。現地でまず驚いたのは、とにかく大手メディアの記者が 1 人もいないこと。誇張でも何でもなく、本当に 1 社も、1 人もいないのだ。

---

*　本書で言及する「大手メディア」は基本的にテレビ、新聞を指す。テレビは在京キー局と在阪準キー局。新聞は全国紙（読売新聞、朝日新聞、毎日新聞、日経新聞）とブロック紙（中日新聞、北海道新聞、西日本新聞等）。ちなみに東京新聞の発行元は中日新聞のため、東京新聞も「大手メディア」に含める前提で記載する。

**　内閣記者会 常勤幹事社19社は筆者のようなフリーランスと異なり、抽選を経ずに毎回必ず参加でき、指名の大半を独占する恩恵を受ける

***　内閣記者会常勤幹事社19社の内訳（五十音順）：朝日新聞、NHK、共同通信、京都新聞、産経新聞、時事通信、JapanTimes、中国新聞、TBS、テレビ朝日、テレビ東京、東京新聞、西日本新聞、日経新聞、日本テレビ、フジテレビ、北海道新聞、毎日新聞、読売新聞

　例えば2022年8月8日に市民団体「公平な税制を求める市民連絡会」（共同代表：宇都宮健児 弁護士）が議員会館で開催した、インボイス制度に関する声明および質問書提出の記者会見の開始直前の様子を【写真3】で紹介する。

　見ての通り、室内はガラガラ。参加した記者は筆者を含めても5名程度で雑誌・専門紙・機関紙・フリーのみ。すでに制度開始が約1年後に迫っていたが、大手メディアの参加は依然としてゼロ。前週に通常国会が終わりひと段落したタイミングで、場所は国会記者会館から徒歩3分に位置する議員会館だったにもかかわらずだ。

　当時、こうしたイベント（記者会見、勉強会、省庁申し入れ、デモ等）に筆者の他に毎回参加していたメディアは以下3つのみで全て機関紙。参加する記者もほぼ固定のため自然と顔見知りになるほどだった。

・しんぶん赤旗　＊共産党の機関紙
・商工新聞　＊全国商工団体連合会（全商連）の機関紙
・東京民報　＊東京都の問題を取り扱う、共産党の機関紙

その後、2022年10月26日に日比谷野外音楽堂で初めての大規模イベント

【写真3】2022年8月8日 インボイス制度に関する声明および質問書提出 記者会見 開始直前

となる集会が開催されて以降、署名提出記者会見（2023 年 2 月）や国会前デモ（同年 6 月）などのいわゆる「絵になるイベント」の際は大手メディアの記者やテレビカメラもわずかに見かけるようにはなった。ただ、2 章で紹介した超党派議連ヒアリングのように各業界の本質的問題が次々と明らかになって中身は重要だったものの「絵にならないイベント」になると、大手メディアの姿はパタリと消え、記者は先ほどの 3 つのメディアと筆者くらいしか見当たらないという状況が続いていた。

## 大手メディア黙殺の背景。軽減税率とクロスオーナーシップ

　必然的に大手メディアの報道の絶対量は少ない上に、内容も「日比谷野外音楽堂で反対デモが開催されました」「議員会館で反対署名が提出されました」等の極めて表面的な内容に終始。そもそも政府が主張する導入根拠は正しいのか、なぜ制度に反対しているのかという本質的な問題に言及した大手メディアの報道はほぼ皆無であった。

　なぜ大手メディアがインボイス制度の問題を黙殺したのかは、本来であれば大手メディアの関係者に自ら懺悔して頂きたいところだが、そうした動きも無い。仕方ないので推察できる範囲で筆者が代弁すると、4 章で説明した通りインボイス制度が消費税の矛盾と密接に関係することが影響していると考えられる。ご存知の通り新聞は軽減税率の適用対象として優遇されている。衣食住に直結する外食ですら税率 10% が適用される中、生活必需品とは言い難い新聞に税率 8% が適用されるのは、明らかに歪である。そうした恩恵を享受している手前、消費税が関係する問題は指摘しづらいという極めて自己中心的な心理が新聞社に働いていると考えられる。また、テレビ局もクロスオーナーシップ（相互の株式を保有して互いに干渉）によって同系列の新聞社の利害関係者のため、同様の方針にならざるを得ない。唯一 NHK だけはこうした縛りは受けないが、第 2 次安倍政権以降は公共放送としての役割を放棄して政府広報と化しているため、他メディアと同様に全くの役立たずであった。

　大手メディアにこうした事情があることを踏まえると、いっそのこと「インボイスについては一切報道しない」というスタンスであれば、まだ辛うじて理

解できた。だが、実際はさらにタチが悪い。要所要所のタイミングで政府の不正確な主張（インボイスには正当な導入根拠がある、益税は存在する等）だけは伝書鳩のように垂れ流し、国民が問題を正しく理解することを妨げ続けた。

# 偽りの導入根拠と益税を垂れ流した大手メディア

大手メディアによる悪質なミスリードを含む報道のごく一部を紹介する。

**東京新聞 河郷丈史「消費税 インボイス制度、23 年開始　免税事業者、募る不安 取引厳しく？/ 税負担増？」（2021 年 10 月 21 日）**

この記事は制度開始 2 年前という早い段階で問題点を伝えている点は評価できたものの、最後は「免税事業者は消費者が支払った消費税を国に納めず益税となっている」という偽りの益税論を垂れ流し。さらに、2023 年 2 月に益税論に終止符を打つ国会質疑が行われた後も東京新聞としての訂正記事は確認できないまま。

**NHK「インボイス制度って何？大阪 北新地のホステスたちは」（2022 年 9 月 14 日）**

この記事はホステスも問題の当事者であると伝えている点は評価できたものの、「インボイス制度は複数税率のもとで適正な課税を行うために必要」という偽りの導入根拠を垂れ流し。

**朝日新聞 東京社会部 原田悠自「インボイス、登録事業者まだ 4 割弱　期限まで半年、国税庁は周知急ぐ」（2022 年 10 月 7 日）**

この記事は導入根拠や益税とは観点が異なり、登録の遅れを指摘する内容。しかし、あろうことかインボイス登録率の分母と分子を異なる条件で計算し、実態の「1 割」よりはるかに高い「4 割」に水増し（【図 18】）して報道。登録者を実態より多く見せかけることで登録への同調圧力を狙う意図があったことが疑われ、捏造と呼んで差し支えないほどに悪質と言える。

**朝日新聞 経済部 栗林史子 筒井龍平「インボイス導入まで 1 年「経営維持できぬ」嘆くフリーランスや企業」（2022 年 10 月 16 日）**

　この記事はフリーランスを中心に反対の声があがっていることを紹介しつつも、「インボイス制度は複数税率のもとで適正な課税を行うために必要」という偽りの導入根拠を垂れ流し。

**ABEMA ヒルズ「声優の 3 割が廃業検討!? インボイス制度」（2022 年 12 月 14 日）**

　番組中にコメンテーターの神庭亮介氏（当時 BuzzFeedJapan 編集長、2024 年 3 月現在ダイヤモンド・ライフ副編集長）が「免税事業者には益税がある。だから税の公平性のためにインボイスは必要」という趣旨の完全な認識誤りのコメントを連発。さらに MC の徳永有美氏（テレビ朝日出身のフリーアナウンサー）もこうした発言に同調したまま番組を進行。しかし、番組に出演協力した VOICTION（インボイス制度に反対する声優の有志グループ）の西森千豊氏は事前撮影したインタビューで益税を明確に否定し、その根拠も詳しく説明していた。あまりにもかけ離れた放送内容に西森氏は驚き、放送当日にブログで抗議する事態に発展した。以下、そのブログを引用する。

　　先日こちらの番組に、VOICTION のメンバーとして岡本麻弥さんと一

## 【図 18】朝日新聞がインボイスに登録した事業者の割合を「4 割」と報じた算出式

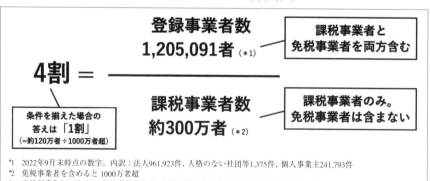

*1　2022年9月末時点の数字。内訳：法人961,923件、人格のない社団等1,375件、個人事業主241,793件
*2　免税事業者を含めると 1000万者超
*3　当該記事「インボイス、登録事業者まだ 4割弱　期限まで半年、国税庁は周知急ぐ」は朝日新聞 原田悠自 記者が 2022 年10月7日 配信

緒に取材を受けました。インボイス制度にどういった問題があるのか、また業界が受ける影響についてしっかりとお伝えしたつもりなのですが、残念ながらこちらの意図とはだいぶズレのあるまとめ方をされてしまいました。

　まずコメンテーターの方が語ってくれた"税の平等性"や"益税問題"は、完全なミスリードです。実際に使われていた映像は僅かでしたが、僕も麻弥さんもその点はしっかりと説明していました。残念ながらその部分の映像は使っていただけておりませんでしたが。

　益税問題の根幹にある「消費税は預り金なのか」という問題については、平成2年に行われた東京地裁の判決や、先日行われた公開ヒアリングでの財務省の方とのやり取りでも明確になっています。公開ヒアリングの件については、犬飼さんのTwitterを見ていただくとわかりやすくまとめてくださっています。

　また「業界の問題が一番」という言い方をされていましたが、僕らのギャラの大本となる制作費の増減は、国の景気に大きく左右されます。勿論声優業界内で改善すべき事も多いと思いますが、今回のインボイスが導入されることで、業界の問題を解消する前に税の問題で業界が潰されかねないのです。税の問題は我々の生活に関わる話なので、決して切り離して考えられる問題ではありません。

　先輩方も声を上げてくださっておりますが、メディアも報道するならちゃんと勉強して責任を持って報道してほしい。またこちらの意図も正しく伝えてほしい。でなければインタビューに応えた意味が無い。非常に残念な気持ちになってしまった、今回の放送でした。

出典：西森千豊ブログ「メディアの役割とは？」（2022年12月14日）

「公開ヒアリングの件」とは2022年12月8日のインボイス超党派議連ヒアリングのこと。4章で紹介した東京地裁判決に基づいてVOICTIONの福宮あやの氏が財務省官僚に質問し、限られた時間の中で益税をめぐる財務省の論理破綻を明らかにしていた（【写真4】）。内容がやや重複するため4章ではその約3ヶ月後（2023年2月）の多ヶ谷亮議員の国会質疑のみを紹介したが、問題のABEMAの番組が放送された時点でも益税が無いことは明らかにされていたということだ。

【写真 4】2022 年 12 月 8 日インボイス超党派議連ヒアリングで質問する福宮あやの氏（左端）
*筆者の YouTube チャンネルで図解と共に公開した質疑映像の一場面

　ちなみに 2022 年の年末の時点で筆者は STOP! インボイスや VOICTION の
メンバーたちと複数のイベント（記者会見、デモ、超党派議連ヒアリング）で
顔を合わせるようになり、意見交換する関係性を築いていた。翌年に迫った制
度開始に向けてどうすれば問題意識を一般に広げられるのかという話題になっ
た際は、「大手メディアの消極的かつ不正確な報道姿勢が最大のボトルネック」
という見解で一致するようになっていた。

## 公開質問で露呈した大手メディアの本当の理解度

### 質問内容

　そこで、先ほど例示したように不正確な報道を繰り返す大手メディアに対し

て、筆者は各社の公式見解を簡易的な「公開質問」として正式に問い合わせることにした。

　質問内容は大きく3項目に分けて、全11問（**【文書4～5】**）。

・自社の免税事業者との取引について

・インボイスの導入根拠について

・益税問題について

　狙いとしては、報道の不正確さが目に余る導入根拠と益税の認識を問い質すことが最大の目的であった。また、自らもインボイス発行を求める側になることすら理解していない大手メディアの社員が多数いることにも気付いていたため、自社の免税事業者との取引方針も質問に含めた。

　問い合わせ対象は、大手メディアの中で2022年中にインボイスに関する報道を行い、その報道内容に導入根拠や益税に関して不正確な内容が含まれていた以下6社 *。

　朝日新聞、ABEMA**、NHK、東京新聞、日経新聞、毎日新聞

　質問の意図を補足すると、曖昧な回答は避けるため全体的に選択式を多く採り入れ、自由記述では選択の根拠を具体的に説明して頂く流れとした。

## 進め方

　可能な限り対象6社の条件を統一して公平に実施するため、公開質問の送付は2023年の年明けから以下の流れで進めた。

**1月6日～16日**：回答確率を上げるため、事前に11日間かけて公開質問の送付先を6社に確認。結果、ABEMA、東京新聞、毎日新聞は送付先を確認できたものの、残り3社（朝日新聞、NHK、日経新聞）は問い合わせフォーム、電話、面識のある記者など八方手を尽くしても「一般の問い合わせフォームに送ってほしい。反応が無いならば、それが答え」という趣旨の反応しか得られず

---

* これ以外の大手メディアは、少なくとも2022年時点でそもそもインボイスに関する報道を全くと言って良いほど確認できないため対象外とした

** 　ABEMAは厳密には自らの大手メディアの定義に当てはまらないが、在京キー局であるテレビ朝日と一体的に番組を放送している実態を踏まえて対象に含めた

〈自社の免税事業者との取引について〉

| No | 質問 | ご回答 |
|---|---|---|
| 1 | **自社**が課税事業者として、インボイス発行事業者に登録しなかった免税事業者と取引する際の方針を三択（**取引を停止する、消費税相当を報酬から減額する、消費税相当は自社が負担する**）でお選びください。折衷案の場合は具体的に説明してください。（＊1） | 取引を停止する or 消費税相当を報酬から減額する or 消費税相当は自社が負担する |

〈インボイスの導入根拠について〉

| No | 質問 | ご回答 |
|---|---|---|
| 2 | 政府・財務省・国税庁はインボイスの導入根拠として「税率8％と10%の商品をまとめて10%で控除した事例があるため、インボイスは複数税率下での適正課税に必要」と一貫して主張してきました。この主張は「**正しい**」ですか？それとも「**誤り**」ですか？**二択**でお選び下さい。（＊2） | 正しい or 誤り |
| 3 | 上記（2）の回答理由を具体的に説明して下さい。 | |
| 4 | 上記（2）（3）の見解通りに貴社は報道できているとお考えですか。「**はい**」か「**いいえ**」の**二択**でお選び下さい。 | はい or いいえ |
| 5 | 上記（4）の回答理由を具体的に説明して下さい。もし確証になる記事があれば、合わせてお示し下さい。 | |

【文書4】公開質問1〜5問目

〈益税問題について〉

| No | 質問 | ご回答 |
|---|---|---|
| 6 | 消費税は「預かり金」であるとお考えですか。「はい」か「いいえ」の二択でお選び下さい。 | はい or いいえ |
| 7 | 消費税を納めているのは「消費者」と「事業者」のどちらだと認識していますか。二択でお選び下さい。 | 消費者 or 事業者 |
| 8 | 一部メディアは「免税事業者は消費者が支払った消費税を国に納めずに事業者の利益としており、『益税』に当たる」と報じています。この主張は「正しい」ですか？それとも「誤り」ですか？二択でお選び下さい。（＊3） | 正しい or 誤り |
| 9 | 上記（8）の回答理由を具体的に説明して下さい。 | |
| 10 | 上記（6）〜（9）の見解通りに貴社は報道できているとお考えですか。「はい」か「いいえ」の二択でお選び下さい。 | はい or いいえ |
| 11 | 上記（10）の回答理由を具体的に説明して下さい。もし確証になる記事があれば、合わせてお示し下さい。 | |

＊1 経過措置（免税事業者等からの仕入を導入開始後3年間は80％、次の3年間は50％控除可）および負担軽減策が**全て終了した2029年10月以降**を想定してご回答下さい

＊2 政府・財務省・国税庁が導入根拠に挙げた事例（税率8％と10％の商品をまとめて10％で控除した事例）の件数を**国税庁は調査すらしていない**ことが国会（2022年2月17日 衆議院予算委員会）で判明しており、その後も状況に変化はありません。また、新旧の請求書の様式を比較すれば、**インボイスを導入してもこの事例の解決には繋がらないことが分かります。これらの事実を理解した上でご回答ください。**意味を理解できない場合、詳細は犬飼が寄稿した集英社オンライン記事「インボイス導入の本当の狙いは「消費税20％超増税」への布石か？」（2022年6月23日公開）https://shueisha.online/culture/25881 を参照ください

＊3 1990年3月26日の東京地裁判決で「消費税を納めているのは事業者のため、仕入税額控除はピンハネではない」と判断され、**益税の存在は明確に否定されています。これらの事実を理解した上でご回答ください。**意味を理解できない場合、詳細は「犬飼淳のニュースレター」で配信した「「私たち消費者は消費税を支払っていない」判決と法律に基づいて益税の誤解を解く」（2022年10月21日公開）https://juninukai.theletter.jp/posts/5789d8a0-4ca5-11ed-8928-7752a5783f4a を参照ください

【文書5】公開質問6〜11問目

**1月17日**：6社に一斉に公開質問を送付。回答期限は2週間後（1月31日）を指定。送付先を事前確認できなかった3社（朝日新聞、NHK、日経新聞）は一般の問い合わせフォームで連絡。文字数制限の関係で先ほど掲載した公開質問の文言を一部省略している場合あり

**1月31日**：回答締め切り。6社中3社（ABEMA、東京新聞、毎日新聞）は回答あり

　結局、質問送付先の事前確認にすら回答がなかった3社（朝日新聞、NHK、日経新聞）は最後まで一切反応なし。「反応が無いならば、それが答え」ということだろう。一方、反応があった残り3社（ABEMA、東京新聞、毎日新聞）にしても、全11問のうち回答があったのはごく一部。率直に言って、これまで導入根拠も益税もあたかも存在するかのような報道を繰り返したメディアとしては極めて無責任な内容。また、意外に思われるかもしれないが、本件に関してはABEMAと東京新聞の対応（無責任さ）は完全に同レベル。毎日新聞に至っては、ABEMAよりも不誠実な対応であった。


## 回答結果と追加のやり取り

　これ以降、各社の回答結果に加えて、回答があまりにも不十分だったために各社と追加でやり取りした内容を順に紹介していく。
　拍子抜けさせてしまう点は申し訳ないが、反応があった3社の回答を整理すると【表2】のようになる。

　回答の連絡があったABEMAと東京新聞ですら、回答は1問目（免税事業者との取引方針）のみ。唯一の収穫は、「消費税相当は自社負担」という回答を引き出せたこと。これは「会社の公式見解」を問うているため、もしこの2社と取引のある免税事業者が圧力（取引停止、消費税相当の報酬減額）を受けた場合は、この回答を盾に交渉して頂きたい。ちなみに、この1問目は明確に「経過措置（免税事業者等からの仕入を導入開始後3年間は80%、次の3年間は50%控除可）および負担軽減策が全て終了した2029年10月以降を想定し

## 【表2】インボイス制度 公開質問 回答

| 社名 | (1) インボイス導入後の対応 | (2) インボイス導入根拠 | (3) | (4) | (5) | (6) 益税 | (7) | (8) | (9) | (10) | (11) |
|---|---|---|---|---|---|---|---|---|---|---|---|
| | 免税事業者と取引する際の方針 | 政府が主張する「複数税率下での適正課税に必要」は正しいか | (2)の回答理由 | (3)の見解通りに貴社は報道できているか | (4)の回答理由、確証記事 | 消費税は「預り金」か | 消費税を納めているのはどちらか(消費者or事業者) | 報道「免税事業者は消費税を国に納めずに利益としている」は正しいか | (8)の回答理由 | (6)～(9)の見解通りに貴社は報道できているか | (10)の回答理由 |
| ABEMA | 消費税相当は自社負担 | 「インボイスの導入根拠について、および、益税問題については、回答を控えさせていただきます」 | | | | | | | | | |
| 東京新聞 | 消費税相当は自社負担 | 「公式見解がまとまっていないため、現時点での回答を控えさせていただきます」 | | | | | | | | | |
| 毎日新聞 | 「回答を控えさせて頂きます」 | | | | | | | | | | |

てご回答下さい」という注釈を付け加えた上で質問しているため、「経過措置や負担軽減策の期間を想定しての回答だった」という言い訳は通用しない。

　そして、毎日新聞は回答の連絡はあったものの「回答は控えさせて頂きます」の一言のみ。これではあまりにも内容が薄いため、これら3社との追加のやり取りを会社ごとに紹介していく。

### ABEMA

　もっとも早く回答が届いたのがABEMA。質問送付から13日後（締切前日）の1月30日、広報担当者からメール本文（【写真5】）で回答が届いた。

　大前提として、先ほど紹介した通りABEMAは前月（2022年12月）にコメンテーター神庭亮介氏（当時BuzzFeedJapan編集長）が「免税事業者には益税がある」という趣旨のコメントを番組で連発。さらにMCの徳永有美氏（テレビ朝日出身のフリーアナウンサー）もこうした発言に同調したまま番組を進行している。「ここまで具体的に情報発信したにもかかわらず、益税の基本的な認識（No6消費税は預かり金であるか否か、No7消費税を納めているのは消費者と事業者

**AbemaTV広報**　　　　1月30日(月) 16:35 (3 日前)　　☆　↩　⋮

To 自分, AbemaTV広報　▾

犬飼さま

お世話になっております。
ABEMA広報担当です。

いただいておりましたお問い合わせについて、
以下の通り回答させていただきます。
自社の免税事業者との取引について、
親会社である株式会社サイバーエージェントの方針のもと、「 消費税相当は自社が
負担する」としております。
また、インボイスの導入根拠について、および、益税問題については、回答を控え
させていただきます。

以上ご確認いただけますようお願いいたします。

【写真 5】2023 年 1 月 30 日 ABEMA 回答メール

のどちらか、等）すら回答を控える理由は何なのか」と筆者は改めてメールで
問い合わせたが、これ以降は一切の連絡が途絶えて音信不通となった。

### 東京新聞

　次に回答が届いたのが東京新聞。質問送付から 14 日後（締切当日）の 1 月
31 日、池田実 編集局次長から PDF ファイル【文書 6】がメールで送られてきた。

　大前提として、東京新聞もこれまで導入根拠や益税は存在すると度々報道して
きた。例えば、先ほど紹介した 2021 年 10 月の記事では問題点も伝えているものの、
記事末尾で次のように財務省の認識誤りの主張を無批判に垂れ流している。

　　　そもそも消費税を巡っては、免税などによって消費者が支払った税金の
　　一部が国に入らず、事業者の利益となる「益税」の批判がある。インボイ

令和5年1月31日

犬飼淳さま

東京新聞編集局次長　池田実

17日付でいただいた「インボイス制度に関する見解」について回答させていただきます。なおコメントは「東京新聞（中日新聞東京本社）」の回答として、全文をご使用ください。

　〈自社の免税事業者との取引について〉
　　消費税相当は自社が負担します

　〈インボイスの導入根拠について〉
　〈益税問題について〉
　公式見解がまとまっていないため、現時点での回答は控えさせていただきます

以上

【文書6】2023年1月31日 東京新聞 回答文書

ス制度で免税事業者を対象外とした理由について、財務省の担当者は「免税事業者の売り上げに消費税は含まれていないため」と説明。「インボイスは複数税率の下で税率や税額を正確に伝える手段。結果的に、益税の抑制につながる面はある」と話す。

出典：東京新聞「消費税 インボイス制度、23年開始　免税事業者、募る不安　取引厳しく?/ 税負担増?」（2021年10月21日）

　こうした経緯を踏まえ、筆者は回答に対する御礼メールの中で無礼を承知でストレートに次の内容を伝えた（【写真6】）。

　その後、翌日に次のメール（【写真7】）を受信。これにて東京新聞とのやり取りを終えた。

今回の回答を踏まえて、貴社の状況を以下のように理解いたしました。認識誤りや補足があれば明日までにご指摘ください。特に返信がなければ、その点も含めて公表させて頂きます。

・貴社は益税の基本的な認識（No6 消費税は預かり金であるか否か、No7 消費税を納めているのは消費者と事業者のどちらか、等）すらも、「公式見解がまとまっていない」という理由で2週間の猶予があっても回答を控えざるを得ない
・そのような状況にもかかわらず、「消費税は預かり金であるから、免税事業者には益税がある」と誤解を招く報道を繰り返し、いまだに訂正すらしていない

以上です。

犬飼淳 / Jun Inukai

【写真6】2023年1月31日 筆者メール

池田実　　　　　　　　　　　2023/02/01 20:13 (22 時間前)　☆　↩　⋮
To 自分 ▾

犬飼様
　お世話になります
　東京新聞の池田です。
　昨日追加のご質問いただきましたが、昨日お送りした回答以上のコメントはございません。
　よろしくお願いいたします。

　　　　　　　　　　　　　　　　　　東京新聞編集局次長　　池田実

【写真7】2023年2月1日 東京新聞2回目メール

## 毎日新聞

　実は、毎日新聞は締切を過ぎても回答が届かなかった。ところが、連絡がなかった点も含めて公表することを締切翌日（2月1日）に筆者が連絡すると、担当者（社長室 広報ユニット石丸整氏）との間で非常に印象的なやり取りがあったため、時系列でやり取り（【写真8～11】【文書7】）で紹介する。

　要は、「連絡が無かったことも含めて公表する」旨を伝えると、「何らかの連絡を差し上げたい」と言うので素直に受け入れて待っていたら、「回答を控えさせていただきます」という一文の文書をわざわざ送付してきた。全体を通して毎日新聞の対応は意味不明で、いったい何がしたかったのか筆者の理解の範疇を超えていた。

**Jun Inukai** 2023/02/01 0:44 (1日前) ☆

To @mainichi.co.jp ▼

毎日新聞社長室広報ユニット 石丸様

フリー犬飼淳です。
お世話になっております。

掲題の件、回答期限に設定していた1月31日を過ぎましたので、
ご回答は頂けないものと理解いたしました。
回答を控える旨の連絡は特に無かった点も含めて、後日 公表させて頂きます。

お忙しいところ、ご対応ありがとうございました。

犬飼淳 / Jun Inukai

【写真8】2023年2月1日 筆者1回目メール

@mainichi.co.jp 2023/02/01 8:42 (1日前) ☆ ↩ ⋮

To 自分, @mainichi.co.jp ▼

犬飼様

お世話になっております。
毎日新聞社の石丸です。
インボイスに関するご質問の件です。

1月17日にメールをいただいた時には、
「各社の条件を揃えて公平を期すため、「未回答」の旨のみを公表」
とのことでした。

しかし、昨夜いただいたメールでは、
「回答を控える旨の連絡は特に無かった点も含めて」
とされています。

したがいまして、本日夕方までお待ちいただけるのであれば、何らかの連絡を差し上げたい
のですが、いかがでしょうか。お返事いただければありがたいです。よろしくお願い申し上
げます。

【写真9】2023年2月1日 毎日新聞1回目メール

Jun Inukai ████████████　　　　2月1日(水) 10:16 (1 日前)

To ████ @mainichi.co.jp ▼

**毎日新聞社 社長室広報ユニット 石丸様**

承知しました。
お待ちしております。

犬飼淳

【写真10】2023 年 2 月 1 日 筆者 2 回目メール

████████ @mainichi.co.jp　　　📎 2023/02/01 11:56 (1 日前)　☆　↰

To 自分, ████ @mainichi.co.jp ▼

犬飼淳様

お世話になっております。
インボイスに関する公式見解へのご取材の件です。回答を添付しました。
よろしくお願い申し上げます。

毎日新聞社社長室広報ユニット　　石丸

【写真11】2023 年 2 月 1 日 毎日新聞 2 回目メール

　結果をまとめると、インボイスについて不正確な報道（インボイスには妥当な導入根拠がある、益税は存在する、等）を繰り返してきた大手メディア6社は、その大前提（導入根拠の有無、益税の有無）の認識すらも社の公式見解として回答しなかった。朝日新聞、NHK、日経新聞に至っては全体を通して返信すら1度も無かった。言葉を選ばずに率直に言えば、想像以上に無責任で不誠実な姿勢が浮き彫りになったと言える。

　ただ、筆者としては個人的には大きな収穫があった。大手メディアの中では政府の問題点を比較的具体的に指摘してきた東京新聞ですら、消費税と密接に

2023 年 2 月 1 日

犬飼　淳　様

平素よりお世話になっております。
1 月 17 日付の貴殿のご質問に対し、毎日新聞社社長室広報ユニットとして以下の通り回答
します。よろしくお願いします。

**回答を控えさせていただきます。**

以上

毎日新聞社
社 長 室 広 報 ユ ニ ッ ト
加藤、石丸
電話
FAX

【文書7】2023 年 2 月 1 日 毎日新聞 回答文書
メール（【写真 11】）の添付ファイル

関係するインボイスに関しては報道機関として全く信用に値しないとハッキリ
したことだ。インボイスに関して大手メディアは「公正な報道を期待する存
在」ではなく、「ミスリードを誘う報道をする度に手間暇かけて指摘しなけれ
ばならないお荷物」であるということだ。ゆえに、制度開始までの残り約 8 ヶ
月で中止・延期を実現するためには、大手メディアの報道に期待するのではな
く、市民一人ひとりが地道に問題意識を広げていくしかないのだと、この一件
で完全に吹っ切れた。

# 増税の対象を矮小化した大手メディア

1章〜3章で紹介した通り、インボイスの直接的な悪影響は農業、飲食、物流、建設など日本の基幹産業を含むあらゆる業種・職種に及び、長い目で見れば一般消費者にまで波及する。不利益を一切被らない国民は誰一人として存在しない。

しかし、あたかも影響を受けるのはごく一部の声優・アニメ業界であり、原因は業界の低賃金という既存の問題であるとミスリードさせる報道も大手メディアは行っていた。これ以降、3つのメディアの具体例を紹介する。

### テレビ朝日

制度開始が約3ヶ月後に迫った2023年6月22日、インボイスに反対する市民団体や税理士が外国特派員協会にて「クールジャパンを壊すインボイス制度の中止を求める記者会見」を開催した（【本章扉】）。なぜ外国特派員協会を選んだのかと言えば、この時点ですでに筆者だけでなく反対運動をしていた各団体も国内の大手メディアに見切りをつけていたからだ。各業界は前年9月頃から活動を活発化させて既に複数の記者会見やデモを行っていたが、問題の本質を伝えるどころか会見やデモの存在すら黙殺する大手メディアが大半という状況は変わらず。そこで、2ヶ月前の外国特派員協会での記者会見などをきっかけに報道量が増えていったジャニーズ性加害問題と同様、まずは海外メディアに口火を切ってもらうことを狙ったのだ。

登壇したのは「VOICTION」の声優 岡本麻弥氏、「アニメ業界の未来を考える会」のアニメプロデューサー植田益朗氏とアニメーター西位輝実氏、税理士の湖東京至氏の4名。

アニメが海外で人気であることを踏まえてアニメ業界関係者が4名中3名を占めたわけだが、この会見で筆者を含めた参加者が最も衝撃を受けたのは、間違いなく湖東京至税理士による日本と海外（欧州諸国）の税制の違いに関する説明であった。4章で紹介した消費税や益税の矛盾の件をさらに深掘りして、日本の徴税行為はもはや人権侵害の域に達していることを端的に指摘したのだ。

以下、説明を抜粋する。

　　今日、私からは日本の税務行政と納税者権利憲章について話したいと思います。なぜ納税者権利憲章を 持ち出すのかというと、零細な事業者にインボイス制度を適用するのですから、せめて世界標準となっている納税者権利憲章が制定されなければインボイス制度を導入すべきではないと考えるからです。納税者権利憲章はすべての納税者の基本的人権を保護するために必要なもので、OECD加盟国で納税者権利憲章や納税者権利保護法がないのは日本だけです。恥ずべき状況と言えましょう。そのため日本では税務調査などで税務署員による人権無視とも言える税金の徴収が行われているんです。アメリカやカナダなどでは市民の助け合いによって税金申告の支援が行われています。しかし、日本では税金の申告相談は税理士にしか許されていないため、税理士に頼むことができない零細事業者、フリーランスの方々は申告のサポートを受けることができない。インボイス制度が導入されれば、この制度を理解しないまま登録事業者となった零細事業者が無申告になったり、あるいは税金滞納が多発すると思われます。また人権侵害にあたる徴税行為がさらに増える懸念もあります。インボイス制度を導入するのであれば、まず世界標準である納税者権利憲章を制定し、基本的人権を侵害する税務行政が行われないことが先ではないでしょうか。

出典：2023年6月22日 クールジャパンを壊すインボイス制度の中止を求める外国特派員協会 記者会見 湖東京至税理士 説明

　しかし、取材に訪れたテレビ朝日は会見翌日に配信された記事で、こうした最も本質的な指摘は完全に黙殺。「10月開始予定のインボイス制度 声優ら 廃止を訴える」という見出しで次のように報じた。

　　10月から始まる予定の消費税のインボイス制度について、声優やアニメプロデューサーらが廃止を訴える会見を行いました。
　　**声優・岡本麻弥さん**：「アメリカにいる間、何度も日本の漫画やアニメのことを本当に誇らしく感じました。それがいま、日本で始まるインボイス制度によって破壊されようとしています」
　　インボイス制度を巡っては現在、零細事業者は「免税事業者」として消

費税の納税が免除されています。

　しかし、10月からは税を正確に徴収するため、商品やサービスの税率、税額などを記載したインボイスが必要で「課税事業者」としてインボイスを発行しないと、取引先の税負担が増える可能性があります。

　個人事業主が多い声優や若手クリエーターからは、「消費税を支払うと生活できなくなる。支払わなければ取引を打ち切られる」といった懸念の声が上がっていて、会見した4人は制度が導入されると廃業が相次ぎ、アニメや漫画業界を縮小させるなどと訴えました。

出典：2023年6月23日 テレビ朝日記事

　会見で岡本麻弥氏がこのように訴えたことは事実であり、約1時間の会見でメディアがどこに焦点を当てて報道するのかも自由ではある。しかし、会見に参加した誰もが最も衝撃を受けたであろう指摘を完全に黙殺したのは、消費税に関する問題を指摘しづらい大手メディアの自己中心的な都合が優先されたことが強く疑われる。また、テレビ放送では登壇者について「声優・アニメ関係者ら4人」とテロップで表記。当然ながら声優・アニメ関係者ではなく、最も重要な指摘をした湖東京至税理士は存在自体を消し去ったかのような編集であった。さらに言えば、記事の4段落目では「税を正確に徴収するため」という偽りの導入根拠を相変わらず垂れ流している。

## ABEMA

　テレビ朝日と同系列のABEMAもアニメ業界に焦点を当てた報道を数多く行ってきた。先に紹介した通り2022年12月14日にはABEMAヒルズで「声優の3割が廃業検討⁉インボイス制度」と題した特集を放送。その後、2023年7月5日にはABEMA Primeでもインボイス制度を取り上げ、前月に外国特派員協会で記者会見を行った声優の岡本麻弥氏と実業家の西村博之氏（2ちゃんねる創設者の通称ひろゆき氏）が対談形式で議論した。以下、やり取りの一部を抜粋する。

**西村博之**　結局、収入が少ない人が廃業を考えるのは変わらない問題。イ

ンボイスがない状態で、声優で所得が年間 900 万円あったとする。その人が消費税を払うことによって 810 万円になる。なぜ、これでアニメ業界が潰れるのかが分からない。

**岡本麻弥** 声優は年間所得 300 万円以下がほとんど。レッスンに行ったり、本を読んだりするから仕入れもある。50% ぐらいの経費はかかっている。

**西村博之** それなら低収入の人の補助金が必要という話。800~900 万円もらって、でも消費税は自分のポケットに入れるのは、別の仕事に比べて不公平だと思う。だから僕は課税するべきだと思う。（中略）同じように働くなら、同じようにするべきだ。『低収入の人は困るよね』となれば、そういう人を助ける施策を話せばいいのに、なぜ『クリエイターは助けよう』みたいな話でお茶を濁すのかが分からない。　出典：2023 年 7 月 5 日 ABEMA Prime

　岡本麻弥氏が指摘した通り、冒頭に西村博之氏が声優の年間所得として仮置きした 900 万円は実態（【図 19】）と大きく乖離している。VOICTION による「声優の収入実態調査」（回答件数：671 件、調査期間：2022 年 9 月 13 日〜 10 月 31 日）では、年収 100 万円以下が過半数の 51% となり、年収 300 万円以下まで範囲を広げると 76% と圧倒的多数を占めたのだ。

　こうした実態を指摘された後、西村博之氏はざっくり要約すると以下 2 点の内容を主張している。

・声優全体が低収入なのであれば、低収入者が対象の補助金として議論すべき
・しかし、「低収入者」ではなく「クリエイター」という理由で助けるのは理解できない

　1 点目は中長期的な観点としては必要だが、わずか 3 ヶ月後に迫ったインボイス制度開始までに低収入な業界構造がすぐに改善されるはずもなく、議論としては的外れと言える。2 点目は、インボイスはあらゆる業界に当てはまる問題にもかかわらず声優・アニメ業界ばかりに焦点を当ててきたのは Abema を始めとする大手メディアであり、厚顔無恥としか言いようがない。現に、この前月（6 月 14 日）に開催された国会前デモでは農業、物流、建設など様々な業界の当事者が声をあげたが、こうした声を大手メディアは黙殺し続けた。

## 【図19】2022年11月16日 エンタメ4団体合同 インボイス 制度見直しを求める記者会見 VOICTION 説明資料 P4

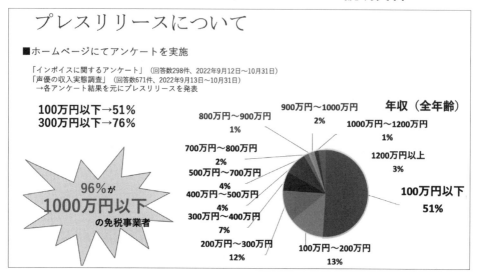

### 毎日新聞

　毎日新聞は制度開始まで1ヶ月を切った時期、ようやくインボイス制度の問題を本格的に解説した記事を初めて出し、声優に焦点を当てた。

**「インボイス制度は「地獄の選択」アニメ声優の3割弱が廃業を検討」**
**（2023年9月7日）**

　これ以前に毎日新聞が特定の業界に焦点を当てたインボイス関連の記事は、実に7ヶ月以上も前の地方版記事での落語家への説明会の紹介しか見当たらない。

**「インボイス制度、理解深めて　落語家らに説明会　天満天神繁昌亭／大阪」**
**（2023年1月25日）　*地方版**

　その後、物流や建設など他業界に焦点を当てた記事を出したのは制度開始2日前で時すでに遅し。もはやアリバイづくりが目的ではないかと疑われるタイミングだ。

**「個人タクシー、一人親方、配達員…インボイス対応分かれる個人事業主」**
**（2023年9月29日）**

　このように、あたかも影響を受けるのはごく一部の声優・アニメ業界であり、原因は業界全体の低賃金という既存の問題であるとミスリードさせる報道を複

数の大手メディアが繰り返した結果、何が起こったのか。制度開始を 6 日後に控えた 2023 年 9 月 25 日の官邸前デモで VOICTION 共同代表の甲斐田裕子氏（アニメ「SPY × FAMILY」シルヴィア役などを担当する著名声優）のスピーチを聞いて頂きたい。

「STOP! インボイスというスイミーのもとに集まった魚は 52 万超えという大きな塊になりました。まだまだ増え続けています。でも、注目が集まるほどにエンタメの、アニメ業界の、声優業界の問題と矮小化する報道が増えました。違いますよ。農家も、建築も、運送も、日本のインフラが大打撃を受けます。ちゃんと報道してください。私たちは知っています。インボイス制度、そして消費税は日本の文化やインフラを破壊し、生産性を落とし、私たちから健康で文化的な生活を奪い、日本を衰退させる制度です。」

　この端的で的確なスピーチに対して、聴衆からは一斉に「そうだー！」と当日一番と言えるほどの大きな歓声と拍手が沸き起こった。しかし、こうした本質的な問題意識が制度開始前に広がることは無かった。10 月 1 日まで丸 5 日間以上の猶予があったにもかかわらず、遂に最後まで大手メディアは報道姿勢を改めなかったからだ。

# インボイス反対の声をかき消した フリーランス協会の裏切り行為

## フリーランス協会とは

　大手メディア以外にも本来期待された役割を放棄し、インボイス増税を後押ししていた者たちがいた。その代表例が、一般社団法人プロフェッショナル＆パラレルキャリア・フリーランス協会（以降「フリーランス協会」）である。

フリーランス協会は2017年1月に平田麻莉代表を中心に設立。事業内容は以下4点が列挙されている。

・フリーランス向けベネフィットプランの提供
・フリーランス支援・啓発イベントの企画運営
・フリーランスに関する各種調査の実施・政策提言
・企業に対するフリーランス活用アドバイス・コーディネート

出典：フリーランス協会 事業内容（2024年2月時点）

活動内容には「誰もが自律的なキャリアを築ける世の中へ」「自分の名前で仕事をしたい人のためのインフラ＆コミュニティ」というキャッチフレーズが大きく強調されており、この言葉を信じれば誰がどう見ても「フリーランスの味方」に見える。

さらに、活動内容の1点目に「政策を実現する」を挙げている通り、内閣府税制調査会、参議院国民生活・経済に関する調査会を始めとして政府・国会・自治体への働きかけも積極的に行っている。

①政策を実現する（政府／自治体）
②認識を変える（社会・世論）
③マーケットを作る（企業）

出典：フリーランス協会 活動内容（2024年2月時点）から抜粋

アドバイザリーボードには著名人の名前が並び、一定の信頼を置いていた方も多いのではないか。

石山恒貴（法政大学大学院政策創造研究科 教授）
大内伸哉（神戸大学法学部研究科 教授）
治部れんげ（ジャーナリスト）
白河桃子（少子化ジャーナリスト、作家）
高橋俊介（ピープルファクターコンサルティング代表取締役社長、慶應義

　塾大学 SFC 研究所上席所員）
　中西穂高（帝京大学教授・知的財産センター長）
　花田光世（慶應義塾大学名誉教授）
　柳川範之（東京大学 大学院経済学研究科・経済学部 教授）

出典：フリーランス協会 アドバイザリーボード（2024年2月時点）

## フリーランスの味方のはずが水面下でインボイス反対運動を妨害

　2 章の軽貨物ドライバーや一人親方の事例で示した通り、個人事業主やフリーランスが取引先の上位企業と対等に交渉することは力関係に圧倒的な差があるため現実的ではなく、インボイス制度をめぐって搾取される恐れが強い。そのため、こうした政策にモノを申せる立場の「フリーランスの味方」が組織としてインボイス反対の声を挙げることを多くのフリーランスは期待していた。

　しかし、実態は真逆だった。

　平田麻莉代表は「国内最大規模のフリーランスネットワーク」を自称しておきながら、大半のフリーランスとは真逆の「多くのフリーランスはインボイスに反対していない」という声を政策決定の場で伝えていた。さらに、「フリーランス協会はインボイス支持」と与党政治家に表明してインボイス反対運動を水面下で妨害していた。

　これ以降、公式記録（税制調査会 議事録）や関係者証言に基づいて、フリーランス協会の実態をお伝えする。

## データを捻じ曲げて「多くのフリーランスはインボイスに反対していない」と虚偽説明

　2022 年 5 月 17 日、「働き方の変化」をテーマに開催された内閣府 税制調査会に平田麻莉代表は外部有識者として参加。フリーランスの実態についてヒアリングを受けた。発言の冒頭で平田麻莉代表は「フォロワー総数」*が多いことを根拠に、自らを「国内最大規模のフリーランスネットワーク」を自称した後、信じがたい発言をしていたことが議事録に残されている。

「26ページ目ですが、同じくよく話題に上るインボイスの対応についても聞いております。一部SNSなどで、インボイス絶対反対だとか、フリーランスいじめだという言説も見受けられますが、実際にデータを取ってみると自由回答の中身も含めて割と冷静に受け止めていらっしゃる方が多いという印象でした。既に登録事業者になっている方や、なる方向で検討している方も4割ぐらいいらっしゃいますが、逆になるつもりはないと決めている方も1割いらっしゃり、あとは分からないという方が4割ぐらいいらっしゃいます」

　平田麻莉が根拠として示したアンケートを見れば、これはとんでもない詭弁であることがすぐに分かる。

　**Q：あなたは現在どのように対応しようとお考えですか。**　（n=1236）
　登録事業者になると決めている：7.0%
　登録事業者になる方向で検討している：29.7%
　業種は該当している（BtoB取引）が、なるつもりはない：11.8%
　業種が該当していない（BtoC取引のみ）：8.3%
　わからない/答えたくない：42.3%

出典：フリーランス協会 インボイス制度 適格事業者登録検討状況

　このアンケートの問いは「あなたは現在どのように（インボイスに）対応しようとお考えですか」であって、そもそもインボイスの賛否を問うものではない。インボイス発行事業者にならなければ様々な不利益（市場からの排除、報酬の値下げ等）を受けるため、「インボイスに絶対反対！」の立場であるものの登録事業者になるべきかは結論を出せずに「わからない/答えたくない」（43.2%）を選んだ回答者は相当数いたことだろう。つまり、データを捻じ曲げてまで「多くのフリーランスはインボイスに反対していない」という虚偽を説明していたのだ。しかし、議事録では、こうした初歩的な詭弁に疑問を唱えた委員はいなかった。
　平田麻莉代表の詭弁はまだまだ続く。年収別のインボイス対応の違いに話が及ぶ中で、次のように説明。

「もちろん収入によってインボイスとへの対応方法も異なっているわけで、収入が高いほど既に登録事業者になろうと決めている方の割合が多いというのもデータが示す通りですが、だからといって収入が低い方でも必ずしもなるつもりはないとか、インボイスに反対する人が多いかというと、自由回答を見てもそこまで顕著ではないという印象でした」

　これもとんでもない詭弁である。この説明時に平田麻莉代表が示していたのは、先ほどの「あなたは現在どのように対応しようとお考えですか」という問いの回答を職種5区分（クリエイティブ・Web・フォト系、エンジニア・技術開発系、通訳翻訳系、出版・メディア系、コンサルティング系）と収入6区分（200万円未満、200万円以上400万円未満、400万円以上600万円未満、600万円以上800万円未満、800万円以上1000万円未満、1000万円以上）に分けて集計し直しただけのもの。もともとの問いがインボイスの賛否を問うものではないのだから、そもそもインボイス反対が多いか少ないかに言及できるようなデータではない。

　提示したデータから最もハッキリと読み取れたのは「収入が低くなるほど、インボイス登録について『分からない／答えたくない』と答える人は多くなる」ことだったが、平田麻莉代表はその点には一言も言及しなかった。

**「Q：あなたは現在どのように対応しようとお考えですか」に「わからない／答えたくない」と回答した比率**

200万円未満：57.0%

200万円以上400万円未満：44.0%

400万円以上600万円未満：40.3%

600万円以上800万円未満：39.9%

800万円以上1000万円未満：26.9%

1000万円以上：25.7%

出典：フリーランス協会 インボイス制度 適格事業者登録検討状況（収入別）　＊一部抜粋

---

＊ フォロワー総数はフリーランス協会が独自に定義した概念で、有料会員・無料会員・SNSフォロワー（Twitter、facebook、Instagram等）を全て合算する特殊な算出方法を用いている。当然ながら重複があり、実態よりも組織規模を大きく見せかけることになる

「わからない／答えたくない」と回答した中に「インボイス絶対反対！」の立場であるフリーランスが相当数いたことは想像に難くない。収入が低いほど実質的増税であるインボイスの影響は大きくなるのだから。こうした背景があるにもかかわらず、「分からない／答えたくない」と答えた大多数の解釈について平田麻莉代表の詭弁は続く。

「多くの方がそもそも制度も分からない、理解ができないということもあるでしょう（中略）インボイスに反対する方の多くは、SNSや実際私たちに届いた意見を拝見すると、必ず課税事業者にならなければいけないとか課税事業者になったら売上の10％をそのまま納税しなければならないという誤解をされていたり、免税事業者のままでいたら仕事を切られるぞという言説を見て不安を煽られているようです。制度をしっかり理解していただくと、必ずしも課税事業者になることを強要される制度ではないということや、簡易課税制度で自らも消費税額控除できること、お仕事に関してもどちらかというと需給バランスで決まるものであり、価格交渉していく前提でしっかり値上げをするチャンスにしたいと考えていらっしゃる方もいらっしゃるので、その辺りをしっかりと制度の説明も含めてしていくことで、冷静に自分はどうしたら良いのか判断することができる方が増えるのではないかと思いますし、その情報提供のサポート、相談のサポートを当協会としてもしていきたいと思っております」

　インボイス発行事業者にならなければ様々な不利益（市場からの排除、報酬の値下げ等）を受けるため、課税事業者（＝インボイス発行事業者）に登録せざるを得ないという大前提を完全無視し、「理解が足りていないために反対している者がいる」という明らかな虚偽を平田麻莉代表は伝えていた。そして、この虚偽説明の直後、税制調査会 会長を務める中里実氏（東京大学 名誉教授）はこのように会を締め括っていた。

「このようにデータで見せていただくと非常に分かりやすいです。どうもありがとうございました。活発な御議論、御意見を頂戴し、大変有意義な会合であったと思います。（中略）平田代表におかれましては、本日は貴重なお時間を頂

戴し、心より感謝申し上げます。 これで本日の議題は終了となります」

　議事録を見る限り、平田麻莉代表の一連の初歩的な詭弁に疑問を唱えた委員は残念ながら最後まで現れなかった。フリーランス協会はこのようにしてデータを捻じ曲げてまで「多くのフリーランスはインボイスに反対していない」という虚偽を税制調査会で説明し、政策の意思決定を歪めていた。

## せっかくの与党議員からの働きかけを「協会はインボイス支持」と表明して無駄に

　フリーランス協会の裏切り行為はこれにとどまらない。会員（＝フリーランス）の声とは真逆にあたる「フリーランス協会はインボイス支持」という意見を与党政治家に伝え、長きにわたって水面下でインボイス反対運動を妨害していた疑いが濃厚となっている。先ほどの税制調査会の前年にあたる 2021 年 2 月 24 日、参議院で開催された「国民生活・経済に関する調査会」に平田麻莉代表は参考人として出席。フリーランスの働き方について国会議員に意見を述べた。調査会の正式な質疑ではないため議事録には残っていないものの、当日に平田麻莉代表は驚くべき発言をしたことを自民党 山田太郎 議員が翌年に自らの YouTube で明かしている。かねてよりインボイス制度への問題意識を発信してきた山田太郎 議員は自民党の中では珍しい存在であり、中止・延期にするためにもフリーランス協会として「インボイス反対」の意思表明を明確にしてほしいと伝えたところ、逆に「フリーランス協会はインボイス賛成（もしくは支持）」と返されたと言うのだ。

　以下、山田太郎議員の YouTube におけるやり取りを紹介する。

　　**山田太郎 議員**　実は、この時（2021 年 2 月 24 日）の「国民生活・経済に関する調査会」に フリーランス協会の（平田）代表が（参考人として）来てたので、この日は（インボイスは）直接の議題にはならなかったけど、「フリーランスの問題なんだから、まずはフリーランス協会が（インボイス反対と）立ち上がってほしい」という申し入れはこの段階で（平田代表

に）直接やってる。アンダーでやってるので、質疑の（議事録の）中には入ってませんけど。その時の正直に言われたのは、「フリーランス協会としてはインボイス賛成」と。

**萌生めぐみ**　（驚いた様子で）えー！

**山田太郎 議員**　（平田代表に）何を言われたかというと、「インボイス制度が始まったとしても、その（増税）分の価格を転嫁できないといけない。（中略）そもそも論として、「低報酬がおかしい」と。「フリーランスをやるなら税金を払えるくらいの報酬があって、個人事業と初めて言えるので、そういうことを目指さないといけないのだから、（現状のように）免税の状態にあることは必ずしも良いことではない」と言われた。（平田代表がそのような態度なので、こちらの思惑は）ちょっと崩れちゃった……。

**萌生めぐみ**　（平田代表は）強いな……。

**山田太郎 議員**　正論なんだけど、とはいえ（免税事業者は）価格にすぐに転嫁できないし、実際には低報酬の問題はあって、だからこそ下請法見直しや補助、コロナで潰れそうだったことに関しては支援金でサポートしたりしてきた。そういう（フリーランスへの）サポートは一杯やってきたが、フリーランス協会は今（2022年12月時点）でも「インボイス支持」なんで……。

出典：山田太郎YouTube「どうなる？土壇場変更。インボイス制度。財務省と直接交渉。その裏側とは」（2022年12月7日）


　この衝撃的なやり取りからは、与党議員からのせっかくのインボイス中止・延期に向けた働きかけに対して、平田麻莉代表は「フリーランス協会はインボイス賛成（もしくは支持）」と伝え、インボイス反対運動の流れを止めてしまっていたことが分かる。さらに9ヶ月後の2021年11月19日、山田太郎議員はインボイス反対の機運を高めるために改めてフリーランス協会にヒアリングを実施。しかし、そこでも平田代表は「フリーランス協会はインボイス賛成（もしくは支持）」と伝えていた。
　以下、同様に山田太郎議員のYouTubeにおけるやり取りを紹介する。


**山田太郎 議員**　やっぱり、（インボイス反対の）世論を形成しないと、議員が一人でやっていてもキツいということで、フリーランス協会の平田代

表を含めて、改めてヒアリングしています。この時（2021年11月19日）は、議員になる前の赤松さんにも入ってもらってます。でも、やっぱり「フリーランス協会としては、インボイス制度に賛成」と。「賛成」というか「承諾」であると言われちゃったんです。

出典：山田太郎 YouTube「どうなる？土壇場変更。インボイス制度。財務省と直接交渉。その裏側とは」（2022年12月7日）

　このやり取りからも、フリーランス協会の平田麻莉代表は水面下でインボイス反対運動を実質的に妨害し続けていたことが読み取れる。

　ヒアリングから1年以上が経過した2022年12月7日に山田太郎議員が衝撃的な内幕をYouTubeで暴露したことをきっかけに、フリーランス協会の実態が明るみになり始め、会員であるフリーランスを中心に疑問と怒りの声が巻き起こっていた。しかし、そうした声に対してフリーランス協会は真摯に説明するどころか、真逆の対応を行い事態を悪化させた。X（旧Twitter）の公式アカウントで「フリーランスのみんながインボイスに反対しているわけではありません。エコーチェンバー効果についてお調べください」と批判相手を煽るような内容を12月24日に発信（**【写真12】**）したのだ。

　更なる批判の高まりを受けて4日後（12月28日）に問題の投稿は削除し、形式的ではあるが初めて謝罪と受け取れる内容を投稿（**【写真13】**）。しかし、一見すると無関係に見える6日前（12月22日）の投稿（インボイストラブル通報BOX開設のお知らせ）にリプライする形で投稿したため、これでは一体誰に対して何を謝罪したのかすら不明確。フリーランス協会の異様さがさらに浮き彫りになった。

**フリーランス協会**
@freelance_jp

・・・

フリーランスの「みんな」がインボイスに反対している
るわけではありません。実態調査データからも明らか
です。疑問に思われる場合はエコチェンバー効果につ
いてお調べください。
当協会は社会の分断と対立を煽る対話には参加致しま
せん。フリーランス間の分断を広げたくないからで
す。ご了承ください

Translate Tweet

12:34 AM · Dec 24, 2022

【写真12】2023年12月24日 フリーランス協会ツイート

**フリーランス協会／個人事業主・1人社長・副** ✓ @fre · 2022年12月22日 ・・・
発注者からフリーランスに対するインボイス制度に関する問合せや通知が本
格化してきた状況をふまえ、インボイス制度対応を機に生じた発注者との
「契約トラブル」について実態を把握し、政府に対策を求めることを目的と
して、インボイストラブル通報BOXを設置いたしました。

> blog.freelance-jp.org
> 「インボイストラブル通報BOX」開設のお知らせ
> 2023年10月から導入されるインボイス制度に向け
> て、発注者による消費税の転嫁拒否（不当な値下げ...

💬 3　　🔁 273　　♡ 320　　📊 18万　　🔖　⬆

**フリーランス協会／個人事業主・1人社長・副業ワーカー向け情報** ✓　・・・
@freelance_jp

多様な会員、多様なフリーランスがいることを一番大切に考えているはず
のフリーランス協会として、あるまじき不適切な発言があったため当該投
稿を削除しました。深くお詫び申し上げるとともに、今後同様のことがな
いよう厳重に注意して参ります。

午前7:12 · 2022年12月28日 · **12.6万** 件の表示

【写真13】2023年12月28日 フリーランス協会ツイート

## 平田代表認識の確認結果

　こうした事態を重く見た筆者は翌 2023 年 2 月 18 日、フリーランス協会の取材依頼対応用の問い合わせフォームを通じて「フリーランス協会はインボイス賛成」という発言の真偽を平田麻莉代表に対面で確認したいと連絡した。3 日後（2 月 21 日）、対面取材の可否については一切触れない形で、以下の内容がメールで届いた。

　　山田議員の YouTube でのご発言は、平田ならびに当協会の認識とは異なります。当協会は、1 当協会の会員の中にも多様な考え方があり一つの総意があるわけではないこと、2 インボイス制度が国民的議論を経て可決された法律であることの 2 つの理由から、インボイス制度について当協会が一方的に賛成や反対と申し上げる立場にはないと考えており、平田や当協会のメンバーがそのような発言をしたことは、山田議員のみならず、その他の議員や政府関係者に対しても、これまでございません。平田からは山田議員に対しても、当協会が常々セミナーやブログで発信しているとおりに、実態調査結果や政府への申し入れ等についてご説明申し上げており、山田議員の YouTube を発端として事実ではない情報や憶測が拡散されていることに大変困惑しております。

出典：2023 年 2 月 21 日 フリーランス協会 回答メール

　この回答が事実ならば「なぜ山田太郎議員と平田代表との認識のズレを正すために自ら働きかけないのか」という疑問が新たに湧いてくる。そこで筆者は2 日後（2 月 23 日）に以下の内容を改めて問い合わせた。

　　この回答が事実であれば、通常は以下 3 点のような行動をとると考えられますが、すでに問題の発言から約 2 ヶ月半が経過した中、こうした行動はとったのでしょうか。
　　・誤解を解くために、フリーランス協会の認識を山田太郎議員に直接伝える場を改めて設ける

・（誤解が解けたのであれば）山田太郎議員の発言（フリーランス協会はインボイス賛成）は誤解であったと正式に訂正して頂く

・（認識を伝えることや発言の訂正に応じて頂けないのであれば）山田太郎議員に抗議する

出典：2023年2月23日 筆者 問い合わせメール

しかし、4日後（2月27日）にフリーランス協会から届いた回答は以下の通り。

山田太郎議員に対しては然るべき対応を致しておりますが、詳細の回答は差し控えさせていただきます。

出典：2023年2月27日 フリーランス協会 回答メール

国会議員との個別のやり取りを明かさないという方針はある程度は理解できる。だが、平田麻莉代表が本当に「フリーランス協会はインボイス賛成（もしくは支持・承諾）」と受け取られる言動を一切していないのであれば、回答を差し控える理由は何も無いのではないか。そもそも筆者は最初の問い合わせ時に慎重を期すため平田麻莉代表と対面で認識を確認したいと依頼したのだが、その点については最後まで一切の言及が無く、会うことすらも実質的に拒否された。

## フリーランス協会の正体

ちなみに、筆者が一連の問い合わせを始める前日（2月17日）、フリーランス協会は「インボイス2%〜アクション」という啓発キャンペーンを発表。インボイス導入を契機としてフリーランス側が2%の報酬値上げをクライアントに働きかけるという、完全にインボイス導入を前提とした内容であり、やはりフリーランス協会はインボイス賛成（もしくは支持・承諾）と判断せざるを得ない。しかも、このキャンペーンは取引先との価格交渉が難しい大多数のフリーランスにとって全く現実的なアクションではなく、フリーランス協会が想定する「フリーランス」はごく一部の強い立場の者であることが露呈したとも言える。総じてフリーランス協会は弱者ではなく強者に寄り添うという点で、消費税やインボイスの本質と非常に親和性の高い価値観の組織であると推察される。

　フリーランス協会の位置付けを理解する上で重要な事実を最後に付け加えておく。2017 年 1 月 26 日のフリーランス協会設立記者会見に経済産業省の伊藤禎則参事官（2023 年 2 月から岸田総理の首相秘書官に抜擢）が登壇したことは現在（2024 年 2 月）も協会のブログでは写真付きで華々しく宣伝されている。また、中央官庁や政党のヒアリング等に「フリーランスの代表」という位置付けで平田麻莉代表が呼ばれ始めたのは、まだ会員数が 1000 人以下と少なかった設立翌年の 2018 年頃から。*

〈例〉
・2018年2月 厚労省 雇用類似の働き方に関する検討会
・同年5月 労働政策審議会
・同年5月〜12月 中小企業政策審議会 小規模企業基本政策小委員会
・2019年4月 自民党「新時代の社会保障改革ビジョン」

　要は、それ自体が直ちに悪いことではないものの、平田麻莉代表およびフリーランス協会は設立当初から中央官庁とパイプがあったと推察される。
　フリーランス協会は問題点が多過ぎて本書では紹介し切れないため、更なる詳細を知りたい場合は筆者が theLetter「犬飼淳のニュースレター」で公開した以下 3 本の記事を参照頂きたい。

・データを捻じ曲げ、インボイス反対の声をかき消すフリーランス協会の正体（2023年2月27日）
・記者と読者の「誤解」を利用し、自らを「誇張」するフリーランス協会の手口（2023年4月2日）
・会員数水増しを声明で否定しながら実際は省庁で繰り返したフリーランス協会（2023年8月3日）

---

*2018年5月末時点で有料の一般会員数は 960 人。ただし、メルマガ・SNS フォロワーも含めた独自定義のフォロワー総数は 8426 人

# 第6章

# ことごとく的外れな政府の対策

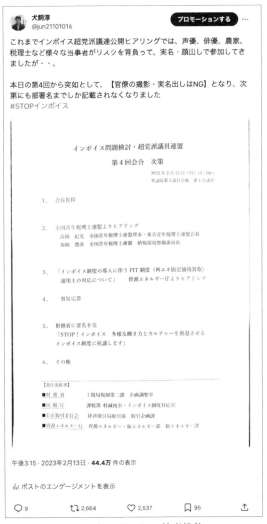

2023 年 2 月 13 日 筆者投稿

# 6年後に無くなる負担軽減策

インボイス制度開始後に懸念される問題点を当事者や有識者たちが繰り返し指摘して制度の中止・延期を訴えてきた中、政府はどのような対策を示したのかに本章では焦点を当てる。残念ながら、政府が示す対策はことごとく的外れであった。

## 実態は比較対象のすり替え

まず、「激変緩和措置」と呼ばれる負担軽減策を紹介する。前月に STOP! インボイスが日比谷野外音楽堂で初めての大規模イベントを開催して問題意識が高まりつつあった 2022 年 11 月、自民党の税制調査会は主に以下 2 点から構成される負担軽減策を明らかにした。

- 売上1000万円以下の事業者が「課税事業者」になった場合、2023年10月から 3年間限定で、消費税の納税額は、仕入時に支払った消費税に関係なく一律で売上に係る消費税の 2割ととする
- 売上1億円以下の事業者は、2023年10月から 6年間限定で、仕入額が 1万円未満の取引はインボイスがなくても控除可とする

これだけ読めば、「名前のとおり負担が軽減される策を与党が考えてくれたのだから、良いことなのでは?」と感じるかもしれない。現に、多くの大手メディアはそのように報道した。しかし、それは大きな間違いだ。与党も大手メディアも比較対象を巧妙にすり替えている。ここまでの話には現行（インボイスを中止した場合）*の状況がすっぽりと抜け落ちているのだ。

まず、1点目の消費税の納税額は、現行制度であれば 0 円。インボイスが導入された場合は負担軽減策の期間中であっても売上の約 2% に引き上げ（消費税 10% の 2割のため 2% と想定）となり、事業者は不利益を被る。そもそも、これは簡易課税制度（売上 5000 万円以下の事業者が仕入税額控除を業種別仕

---

* 本章では「現行」はインボイス制度開始前の 2023 年9月以前の状況を指す

入率に基づいて算出）と酷似した算出方法であり、今回の「売上に係る消費税の2割を納税」というのは、小売業等のみなし仕入率8割の場合と等しい。卸売事業のみなし仕入率9割より納税額は増えるため、特別恵まれた条件ではない。

〈簡易課税制度の事業区分ごとのみなし仕入率〉

第1種事業（卸売業）：90%

第2種事業（小売業、農業・林業・漁業）：80%

第3種事業（農業・林業・漁業、鉱業、建設業、製造業、電気業、ガス業、熱供給業および水道業）：70%

第4種事業（第1種事業、第2種事業、第3種事業、第5種事業および第6種事業以外の事業）：60%

第5種事業（運輸通信業、金融業および保険業、サービス業）：50%

第6種事業（不動産業）：40%　　　　　　　　　　　　出典：国税庁 簡易課税制度

　そして、制度開始から3年が過ぎた2026年10月から納税額は売上の10%に跳ね上がる。*

　また、2点目の控除のための確証要件は、現行制度では全ての事業者が3万円未満の取引は領収書不要で控除可である。インボイス導後は負担軽減策の期間中であっても、1万円以上の取引はインボイスが控除に必要になるため、事業者は不便になる。そして、制度開始6年後の2029年10月以降は、わずか1円の取引でもインボイスがないと控除できない。ここまでの説明を【図20】に整理した。

　与党は「本格導入後」（右列）と比較して、自らが提案した「負担軽減策」（中央列）のメリットを強調している。しかし、本来比較すべき対象は「現行」（左列）である。「現行」（左列）と比較すれば、「負担軽減策」（中央列）はデメリットしかない。さらに、この負担軽減は一時的（消費税納税は3年間、確証要件は6年間）のため、その期間が過ぎればデメリットが一気に拡大した「本格導入後」（右列）の状況が待つ。つまりこの一件は与党が譲歩して負担を軽減したのではなく、一時的な負担軽減によって本質的な問題（現行制度と比較した本格導入後のデメリット）から目を逸らさせたに過ぎない。

---

*「10%」は仕入税額控除、課税事業者を選択しない場合の値下げ交渉や取引停止、軽減税率などの影響はいったん無視して算出

## 【図20】インボイス負担軽減策の実態

| | 現行<br>(インボイスを中止した場合) | 一時的な負担軽減策 *1<br>(インボイスを導入した場合) | 本格導入後<br>(インボイスを導入した場合) |
|---|---|---|---|
| 消費税<br>の納税額 | 売上1000万円以下の非課税事業者は<br>**0円** | 売上1000万円以下の非課税事業者が<br>「課税事業者」になった場合、<br>3年間限定で<br>**売上の2%** *2 | 売上1000万円以下の非課税事業者が<br>「課税事業者」になった場合、<br>**売上の10%** *3 |
| 控除のための<br>確証要件 | **全ての事業者は<br>3万円未満の取引は<br>領収書不要で控除可** | **売上1億円以下の課税事業者は<br>6年間限定で<br>1万円未満の取引は<br>インボイス不要で控除可** | 全ての課税事業者は<br>例外(公共交通機関・自販機利用 等)<br>を除いて、<br>**わずか1円の取引でも<br>インボイスがないと控除不可** |

与党は「本格導入後」と比較して「負担軽減」のメリットを強調するが・・

「現行」と比較すれば「負担軽減策」はデメリットのみ　　さらに、期限 (3年および6年) 経過後はデメリットが一気に拡大

*1　与党 税制調査会の検討案 (2022年11月30日時点)　*2　売上に係る消費税 (＝10%) の2割のため2%と想定
*3　仕入税額控除による差引、課税事業者を選択しない場合の値下げ交渉や取引停止、軽減税率などの影響はいったん無視

## 的外れな大手メディア報道

しかし、NHKを始めとする大手メディアはこの負担軽減策によってインボイス導入がスムーズに進むだろうと肯定的に報道。以下、一例を抜粋して紹介する。

**毎日新聞「小規模事業者は納税2割、インボイス制度「激変緩和措置」方針」**
**(2022年11月30日)**

「負担軽減策を講じることで、小規模事業者の理解を得たい」という自民党の主張を一方的に垂れ流す一方で、問題点 (負担軽減策の実態) への言及は皆無。

**日経新聞「小規模事業者のインボイス負担軽減へ、自公税調が一致」**
**(2022年11月30日)**

同上

**NHK「来年10月導入予定のインボイス 個人事業主は必須？わかりやすく解説」**
**(2022年12月1日)**

全体的にいかにスムーズにインボイスを導入するかという政府視点で報道。財務省担当の記者 (横山太一氏) が顔出しで「制度が定着するかどうかは負担軽

減策を含めた制度の理解や周知が広がるかが鍵」とまで断言。事業者の理解不足に責任転嫁する伝え方は、前章のフリーランス協会平田麻莉代表の主張とも通じる。

このように実態を覆い隠す大手メディアの報道が続いたこともあり、STOP! インボイスは税制改正大綱発表を目前に控えていた12月5日、「緩和措置」ではなくインボイス制度の「中止」を求める声明（【文書8】）を表明。期間限定の優遇は根本的な解決にならず、例外が増えて制度を複雑化させることを指摘した上で、改めて制度の中止を求めた。

この声明を表明したX（旧Twitter）の投稿（【写真14】）のリポストは実に4万を超え、声明への賛同者はリプライしてほしいという呼びかけに対して、

> ### 「緩和措置」でなく
> ### インボイス制度の「中止」を求める声明
>
> 2022年12月5日
>
> **インボイス制度を考えるフリーランスの会**
>
> 　売上300万円の個人事業主がインボイス発行事業者になった場合、約14万円の消費税を納めることになる※。消費税と社会保険料を合わせると、生活費などに充てる手残りは約90万円となり、まさに生活を圧迫する納税が発生することが先日の国会質問で明らかになった。
> 　政府・与党はこうした零細事業者への負担を見越し、11月30日に2つの「激変緩和措置」を発表した。1つめは、売上1000万円以下の事業者が課税事業者に転換した場合、売上にかかる消費税の2割を納税の上限とするものだ。先の例でいえば、収入300万円の事業者は約6万円が上限となる。しかしこれには3年間の時限措置がついており、小規模事業者にとって重税であることに変わりはなく、事務負担の軽減にも寄与しない。
> 　緩和措置の2つめは、課税売上高1億円以下の事業者に限り、1万円未満の取引はインボイスなしでも仕入税額控除が可能になる、というものだ。一回の取引が少額のタクシー業界やシルバー人材センター等がこの緩和措置の恩恵を受ける可能性が高いが、たとえば3万円の取引を4つに小分けす

【文書8】2022年12月5日
STOP! インボイス声明1枚目

*全2枚のうち2枚目の掲載は省略

森川ジョージ氏（代表作「はじめの一歩」）などの著名な漫画家や作家も次々と名前を連ね、リプライ数（≒賛同者数）は瞬く間に6千を超えた。

しかし、大手メディアはこうしたボトムアップの動きは完全に黙殺。問題意識の広がりを妨げた結果、11日後（12月16日）に与党（自民・公明）が発表した税制改正大綱は前月案とほぼ同じ内容であった。これ以降、僅かな変更はあったものの、あくまでも期間限定であり例外が増えることで制度がさらに複雑化するという本質は変わらないまま2023年10月の制度開始を迎えた。

**STOP！インボイス** ✓
@STOPINVOICE

STOPインボイスは「緩和措置」でなく、インボイス制度の「中止」を求めます。

声明文に賛同いただける団体・個人の方は「返信」にお名前を明記ください。

「数」の力を、政府・与党から求められています。皆の力でしか #STOPインボイス できません。
拡散・賛同よろしくお願いいたします。

**インボイス制度を考えるフリーランスの会**

売上300万円の個人事業主がインボイス発行事業者になった場合、約14万円の消費税を納めることになる※。消費税と社会保険料を合わせると、生活費などに充てる手残りは約90万円となり、まさに生活を圧迫する納税が発生することが先日の国会質問で明らかになった。

政府・与党はこうした零細事業者への負担を見越し、11月30日に2つの「激変緩和措置」を発表した。1つめは、売上1000万円以下の事業者が課税事業者に転換した場合、売上にかかる消費税の2割を納税の上限とするものだ。先の例でいえば、収入300万円の事業者は約6万円が上限となる。しかしこれには3年間の時限措置がついており、小規模事業者にとって重税であることに変わりはなく、事務負担の軽減にも寄与しない。

緩和措置の2つめは、課税売上高1億円以下の事業者に限り、1万円未満の取引はインボイスなしでも仕入税額控除……から程遠い。

政府・与党による今回の「激変緩和措置」は、もともと複雑な制度をさらに複雑化した上、当事者が被る不利益を回避するものにもなっておらず、事業者にとって抜本的な解決とはおよそいい難い。ついては、我々は制度の「緩和」でなく、「中止」を求める。

インボイス制度の影響はフリーランスや免税事業者だけにとどまらない。仕事仲間を分断し、重い納税と事務負担で若手の成長を阻む。結果、新規参入の難しくなった業界に残された道は縮小・衰退しかない。施行前の現状でもすでに、会社員と自営業者の間には無用な対立が生まれており、免税事業者は「脱税」などといわれのないバッシングに晒されている。その上、個人事業主がインボイス発行事業者になれば個人情報の流出は不可避という状況も大きな問題だ。

現役世代、そして未来の働き手が安心して仕事と生活を維持するため、「緩和」でなく、インボイス制度の「中止」を一貫して求める。

午後9:45 · 2022年12月5日

💬 6,214　　🔁 4.1万　　♡ 4.7万　　🔖 1,951　　↥

【写真14】2022年12月5日 STOP！インボイス 投稿

# 不公正な取引排除を黙認する公正取引委員会

## 政府説明の形骸化が次々と露呈

　2023 年 2 月の超党派議連ヒアリングでの農家や軽貨物ドライバーへの官僚の回答を通して、「インボイス未登録を理由にした市場排除に対して公正取引委員会（独禁法）は無力なのでは？」という疑念が深まったことは 2 章でも紹介した。それから約 2 ヶ月後、この疑念は紛れもない事実であると明らかになった出来事を次にご紹介する。

　インボイスに登録しないことを選んだ免税事業者が市場から排除される懸念について、政府は一貫して以下の対策によって懸念を払拭すると答弁してきた。

・独禁法や下請法の Q&A を公表して、取り扱いを明確化した
・各事業者団体に法令遵守を要請する
・書面調査や下請 G メンを強化する

## 【表 3】インボイス未登録を理由にした　市場排除に対する国会での政府主張

下線：政府が答弁した対策

| 質問者 | 質問内容 | 答弁者 | 答弁内容 |
|---|---|---|---|
| 2023年3月3日　参議院予算委員会 | | | |
| 立憲民主党 石垣のりこ | やめていただきたいこと、続いてはインボイス。総理、インボイスやめませんか。 | 自民党 鈴木俊一 財務大臣 | 免税事業者を始めとした中小・小規模事業者の取引について、独禁法、下請法等のQ&Aを公表し、各事業者団体への法令遵守要請、書面調査や下請Gメンといった取組を通じまして、取引環境の整備に政府を挙げて取り組んでいるところであります。 |
| 2023年3月8日　参議院本会議 | | | |
| 立憲民主党 柴愼一 | インボイス制度について（中略）免税事業者であり続けた場合、取引先から取引を断られるかもしれないという不安も払拭されていません。。（中略）免税事業者が取引から排除されることは本当にありませんか | 自民党 鈴木俊一 財務大臣 | 免税事業者を始めとした小規模事業者が取引で不当な取扱いを受けることがないよう、独禁法や下請法等の取扱いの明確化、各事業者団体への法令遵守要請、書面調査や下請Gメンといった取組を通じ、取引環境の整備に政府を挙げて取り組んでまいります。（中略）円滑な制度の移行に向けて、関係省庁で連携しながら、免税事業者が取引から排除されることがないよう、適切に対応して |
| 2023年3月9日　参議院財政金融委員会 | | | |
| 公明党 上田勇 | 経過措置によって（中略）免税事業者が急に取引から排除されるリスクはかなり軽減されるんではないかと思いますけど、その辺のご認識を伺いたいと思います。 | 財務省 住澤整 主税局長 | インボイスの導入に伴って取引上不当な取扱いを受けることがないようにする観点から、独禁法あるいは下請法等の取扱いの明確化ですとか、各事業者団体への法令遵守の要請、また書面調査や下請Gメンといった取組を通じまして、取引環境の整備の面でも政府を挙げて取り組んでいるところでございます。 |

　現に、2023年3月上旬の国会での関連質疑を整理しただけでも、（同じ原稿を使い回しているから当たり前ではあるが）ほぼ一字一句同じ文言で答弁していた。

　これらの対策の核となっているQ&Aでは、確かに類型ごとに取り締まり対象となる発注側の行為が具体的に示されている。詳しくは、公正取引委員会「免税事業者及びその取引先のインボイス制度への対応に関するQ&A」（2022年3月8日改正）を筆者が要約した【表4】をご覧頂きたい。

## 【表4】政府がQ&Aで示した独禁法・下請法の取り扱い明確化

| No | 類型 | 発注側の取り締まり対象行為 |
|---|---|---|
| 1 | 取引対価の引下げ | 発注側の都合のみで著しく低い価格を設定 |
| 2 | 成果物の受領拒否、返品 | 受注側から商品を購入する契約後に**商品の受領を拒否、もしくは返品** |
| 3 | 協賛金等の負担要請 | 取引価格の据え置きは受け入れる代わり、受注側に**協賛金、販売促進費等の負担を要請** |
| 4 | 購入・利用強制 | 取引価格の据え置きは受け入れる代わり、**取引以外の商品・役務の購入を要請** |
| 5 | 取引の停止 | 一方的に著しく低い価格を設定し、受注側が応じない場合に**取引を停止** |
| 6 | 登録事業者となるような慫慂 | インボイス登録の要請にとどまらず、登録しない場合の取引価格引下げ、取引停止を一方的に通告 |

**発注側が「受注側がインボイス未登録」を理由に各類型の行為を行った場合、優越的地位の濫用として独禁法・下請法で取り締まる**

*出典：公正取引委員会「免税事業者及びその取引先のインボイス制度への対応に関するQ&A」（2022年3月8日改正）をもとに要約

　ところが2023年3月14日、国会（参議院 財政金融委員会）で立憲民主党 柴愼一議員の質問に対して公正取引委員会（以降「公取委」）の品川武 部長が聞き捨てならない答弁を行った。以下、その質疑を抜粋する。

　　**柴愼一議員**　（公取委等が示した独禁法・下請法のQ&Aでは）優越的な地位の濫用として一方的に言うのが駄目なんだと。だから、丁寧な交渉

で双方納得すれば問題ないということになっている。だから、取引停止も、著しく低い取引価格を設定して、これに応じない場合は取引停止だと言うときは独禁法上の問題となるおそれがありますよとしています。もう一方で、インボイス発行事業者と免税事業者を、例えば取引元が区分して作業すると経理が大変なので、もう事務負担掛かるのでやめたいということについては独禁法上は問題ないんでしょうか。

**公取委 品川武部長**　取引先事業者がインボイス制度施行後に真に免税事業者との取引に係る事務が煩雑になることのみが原因となって取引を停止する場合、それ自体を独占禁止法上の問題とすることは困難であると思います。いずれにせよ、ここは個別に判断をすることになりますので、先ほど申し上げたように、その停止の経緯でありますとか停止の真の理由は何かということを個別に判断して対応することと思っております。

出典：2023 年 3 月 14 日 参議院 財政金融委員会

　公取委は「事務負担の増大を理由にインボイス未登録の事業者との取引を停止しても独禁法は問題ない」という趣旨の衝撃的な答弁をしている。公取委がこのような見解を国会で述べれば、発注側がこれに倣うのは必然であり、Q&Aで示した 6 類型のうちの「5 取引の停止」「6 登録事業者となるような慫慂」は形骸化する。

　さらに、時を同じくして同年 3 月、ある給食納入業者が「インボイス未登録」を理由に一方的な取引停止を書面で突然通知される事案が発生。これも Q&A 6 類型の「5 取引の停止」「6 登録事業者となるような慫慂」に明らかに該当し、取引先の学校法人はこの通知を不用意にも書面で行なったため、明確な証拠も残っている状況。

## 個別レクで明らかになった衝撃的な公取委見解

　政府が主張してきたインボイス未登録を理由にした市場排除の取り締まりの根底を揺るがす事例が 2 件（国会答弁、給食納入業者の事例）も立て続けに発生したことを受けて、インボイスの問題点を継続的に指摘してきた全国商工団

体連合会（以降「全商連」）、STOP! インボイス、VOICTION 等は翌4月28日、東京・永田町の議員会館で公取委に個別レクチャーの機会を設けて頂き、参加した職員1名（加瀬川晃啓 課長補佐）に見解を問い質した。

　しかし、約1時間余りの個別レクチャーで明らかになったのは、これまで政府が主張してきた対策が実際は使い物にならないことばかり。それまでの関係性もあり筆者は記者として唯一この個別レクチャーに招かれて参加したため、これ以降、主な問題3点について当日の詳細をお伝えする。

### 問題1：「インボイス未登録を理由に取引を停止する」と明記した書面の　　　　　　証拠があっても、独禁法で取り締まれない

　今年3月にある学校法人の保育園から給食納入業者に送付された、衝撃的な通知内容の実物が【文書9】だ。

　一般的に、こうした通知は明言せずに遠回しに伝えたり、証拠に残らないよ

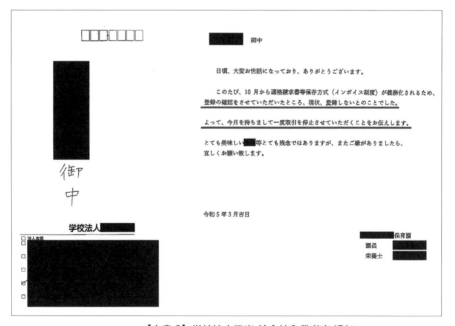

【文書9】学校法人発出 給食納入業者宛 通知

うに口頭で伝えるケースが多いため、以下の内容が書面という明確な証拠で残っている今回のケースは非常に稀である。

・インボイス未登録であることを理由に取引停止する
・その旨を取引停止の当月に突然通知する
・インボイス開始は2023年10月にもかかわらず、半年も前に取引を停止する

　ここまでストレートに事業者を市場排除した証拠が残っているため、筆者を含む参加者は「さすがにこれは独禁法の取締り対象に該当するはず」と信じて疑わずにレクチャーに参加した。しかし、結果は真逆だった。
　以下、当日の関連質疑を抜粋する。　　＊VOICTIONの発言者名は伏せる場合あり

　**全商連 中山眞 常任理事**　今回お示しした給食納入業者の事例は交渉なしで一方的に取引停止しているので、独禁法に当然引っかかるという理解でよいか？
　**公取委 加瀬川晃啓 課長補佐**　「交渉なし」のみ（の取引停止）で独禁法違反とするのは難しい。独占禁止法では交渉相手を選ぶのは自由なため。
　**全商連 中山眞 常任理事**　ここまで一方的な取引停止なのに、独占禁止法違反にならない？
　**公取委 加瀬川晃啓 課長補佐**　もちろん（独禁法違反には）ならない。あくまで我々（公取委）は独禁法違反かどうかで判断している。例えば、「競合他社を排除するためにこの事業者と取引するな」などのケースを問題にしている。
　**全商連 中山眞 常任理事**　「交渉なし」だけで問題にできないことは納得できない。例示した給食納入業者の件はインボイスに登録しないことを理由に取引停止と通知しているので、その観点ではさすがに独禁法違反になるのでは？
　**公取委 加瀬川晃啓 課長補佐**　インボイスに登録しないことを理由に値下げ強要など相手に負担を押し付けたのであれば問題だが、単にインボイスに登録しないことを理由に取引停止するという通知では独禁法では問題にできない。相手側に負担を押し付ける意図があるかが重要視される。

**全商連 中山眞 常任理事**　負担を押し付けたかどうか以前に、インボイス制度が原因でこれまで続いていた取引が無くなって損失を受けたのに、それも取引の自由?

**公取委 加瀬川晃啓 課長補佐**　相手にインボイスに登録してもらわないと自らが赤字になってしまうケースもあるので、まずは事業者同士で話し合って頂く必要がある。発注側が一方的に負担を押し付けようとした背景があって、そのために取引停止の通知がなされた場合、独占禁止法の取り締まり範囲に入ってくる。

**全商連 中山眞 常任理事**　しかし、インボイス制度が無ければ取引を継続できたのに、インボイスによって取引停止されるのは問題ではないか。そもそも、買い手としての学校法人側はインボイスを必要としないので、今回の取引停止通知はなおさらおかしい。さらに、省庁が示したQ&Aで一方的な取引停止は「独禁法上、問題となる恐れがある」と明記されているのに、今日の説明ではQ&Aで示した大前提が崩れてしまうのでは?

**公取委 加瀬川晃啓 課長補佐**　＊公取委はこの問いに明確に回答できず、同じ説明の繰り返しになったため記載は省略

　最後の「学校法人側はインボイスを必要としない」という指摘について補足すると、学校法人は公益性が高いため本業については非課税とされている。そして、非課税事業に要する仕入は仕入税額控除の対象外。つまり、学校法人は本業では自らが買い手の立場の場合、売り手（給食納入業者等）にインボイス発行を求める必要がそもそも無い。＊今回の取引停止の事例は制度開始が約半年後に迫っても事業者が制度を正しく理解できておらず、そのために不要な排除まで招いてしまったことを示している。

　さらに、別の観点でも今回の通知の問題点を参加者は引き続き指摘していく。以下、続きの質疑を抜粋する。

**VOICTION**　押し付けようとする意図の有無が大きなポイントになることは理解したが、そもそも押し付けようとする意図の有無はどのように判断される?客観的に判断するのは難しいのでは?

**公取委 加瀬川晃啓 課長補佐**　その通り、難しい。独禁法は適正な競争を保

---

＊ 強いて言えば、学校法人が本業以外に多角経営（商品販売等）していて自らが売り手の場合、買い手からインボイス発行を求められるケースはあり得る

護する観点の法律であり実態の判断が難しいため、独立行政委員会を立ち上げて判断している。例えばメールや口頭でインボイス制度に関連した価格交渉があって、その後でインボイス登録意思の確認があれば、それは押し付けの意思があったという客観的証拠と判断できる可能性がある

**VOICTION**　優越的地位に立っている発注側は押し付けの意図を当然隠そうとするので、弱者である零細事業者などの受注側が自ら立証するのは難しいのでは？

**公取委 加瀬川晃啓 課長補佐**　立証は我々行政側が行うことになるが、確かに難しい。捜査権限を持つ我々が立入検査などを通して、押しつけの意思を確認できる書面などを発見できれば、証拠となる。

**VOICTION**　取引の実態として、（今回の給食納入業者のように）書面が残っているケースは非常に稀。発注側は証拠が残らないように口頭で、かつ遠回しに伝えるはず。

**公取委 加瀬川晃啓 課長補佐**　あとは「立入検査」後の「供述聴取」でどこまで聞き出せるかが鍵。

**VOICTION**　書面すら残していない発注側が、公取委に対して正直に話すわけないのでは？

**公取委 加瀬川晃啓 課長補佐**　＊公取委はこの問いに明確に回答できず、同じ説明の繰り返しになったため記載省略

**STOP! インボイス 小泉なつみ**　ちなみに、公取委が通報を受けてから立入検査まではどのくらいのスピード感で対応する？

**公取委 加瀬川晃啓 課長補佐**　個別の事案によるので一概には回答できない

**全商連 中山眞 常任理事**　通報から調査が始まるまでは、どのくらいの期間がかかる？

**公取委 加瀬川晃啓 課長補佐**　それも個別の事案によるので一概には回答できない

**VOICTION**　では、通報から立入検査までの一般的な期間は？

**公取委 加瀬川晃啓 課長補佐**　それも個別の事案によるので一概には回答できない。

**VOICTION**　立ち入るまでの期間すらも個別に異なる？

**公取委 加瀬川晃啓 課長補佐** 証拠集めなどが関係するので、異なる。行政処分に関して言えば、通報から立入検査までは1年程度が一般的。

**一同** （絶句して）1年……。

**公取委 加瀬川晃啓 課長補佐** カルテルや談合などでは証拠集めや調整に時間がかかるので。

**VOICTION** そもそも独禁法はそうした企業対企業の大掛かりな不正を取り締まる枠組みであり、インボイスで想定される問題と合致していないことが根本的な問題なのでは。インボイスのように個人事業主が圧力を受けるケース、個人事業主同士の取引は初めから想定されていないので、その仕組みとスピード感では対処できない。本来であれば、公正取引委員会が不正な市場排除はしっかり取り締まるからインボイス制度を安心して導入できるという状態にしなければ今年10月に制度を開始できないはずだが、今日の説明ではそれと真逆で何も取り締まれないことばかりが明らかになっている。対策として不十分な点について、現場を最もよく知っている公取委が法改正を含む対策の拡充を提案すべきでは？

**公取委 加瀬川晃啓 課長補佐** 公取委としては独占禁止法で可能な範囲で周知・対応していくことが基本。

**VOICTION** 通報されるのは非常に悪質なケースにもかかわらず、通報してからの対応に1年もかかっていては、その1件が大口の取引先である事業者は泣き寝入りするしかない。

**公取委 加瀬川晃啓 課長補佐** 行政処分であれば対応まで平均1年だが、それより軽い注意や警告であればスピード感は早まる

これ以降も公取委はこの問いに明確に回答できず、同じ説明の繰り返しになったため記載は省略するが、「インボイス未登録を理由に取引を停止する」と明記した書面の証拠があっても、独禁法の定義に当てはまるかだけで判断する公取委は取り締まれないことが明確になった。

**問題２：下請Gメンを倍増しても交渉が存在しない取引停止は取り締まれない**

　政府が繰り返し説明してきた下請Gメンについても同様に対策として期待できないことも個別レクチャーで明らかになった。以下、当日の関連質疑を抜粋する。

　　**VOICTION**　声優業界の場合、インボイスに登録していない声優の市場からの排除は水面下で行われるので、立証は事実上不可能。インボイスに登録していない声優へのオファーを避ける方針を採る事務所がすでにあることは認識しているが、その場合に声優側はオファーが来なくなるだけで交渉は何も行われないので。

　　**公取委 加瀬川晃啓 課長補佐**　これまでの説明の繰り返しになるが、公正取引委員会としては独禁法の範疇で優越的地位の濫用に当たるかどうかで判断するしかない。

　　**VOICTION**　そうした声優業界の市場排除の恐れについて議員陳情でも具体的に何度も訴えてきたが、与党の大物議員からは「下請Gメンをたくさん送り込むから大丈夫」と言われた。だが、実際は交渉自体が行われないのだから、下請Gメンが大勢いても調査しようがないことは明らか。公取委を責めるわけではないが、公取委はこのまま何もしない？

　　**公取委 加瀬川晃啓 課長補佐**　中小企業庁の下請Gメンでは、独占禁止法のミニ版のようなイメージの下請法に基づいて取り締まっている。下請法は中小企業庁と公正取引委員会が共同で対応しており、下請Gメンは120名を240名に倍増し、さらに最近には300名まで増員して情報収集に当たっている。そうした情報も参考にして、（内閣府配下の）公取委は問題行為を取り締まっている。毎年30万者程度に対して行っている書面調査においても、インボイスについての困りごとも質問項目に追加して、積極的な情報収集を心がけている。

　これ以降も公取委は質問に本質的には回答できず、制度説明の繰り返しになったため記載は省略するが、要は交渉が存在せずに行われる市場排除に対して下請Gメンも無力であることが改めてハッキリしたと言える。

## 問題3：インボイス未登録の事業者の報酬を下げた事例を
## 　　　内閣官房・国交省が横展開目的で喧伝

　さらに、インボイス未登録の事業者の市場排除を黙認するにとどまらず、インボイス未登録の事業者の報酬値下げを省庁が促進する動き（【文書10】）まで見られ始めていた。

　この点についても公取委の見解を当日に確認。以下、質疑を抜粋する。

**STOP! インボイス 小泉なつみ**　4月24日に内閣官房で開催された「適格請求書等保存方式の円滑な導入等に係る関係府省庁会議」で各省庁がインボイスの取り組み状況などを情報共有しているが、国土交通省が示した赤帽の取り組み事例（【文書10】）は非常に問題があると認識している。独占禁止法で取り締まれないライン（双方納得した上での取引価格の設定）を明記した上で、インボイス未登録の事業者には手数料を上乗せして報酬から値引きする方針があたかも模範事例のように示されている。先ほどから取引価格の設定にあたっては「事業者間で円滑なコミュニケーションを心がけてほしい」と述べられているが、赤帽に限らず多くの業界では大企業など強大な発注側に対して、無数の零細事業者が受注側として紐付いている。そうした状況で、強大な発注側が無数の受注側1人ずつと丁寧にコミュニケーションすることは物理的に不可能。受注側は絶対的に弱い立場なので、双方が納得する取引価格を対等に交渉できないことは既に分かり切っているのに、着地点すら示されていない。だから、発注側も受注側も困り果てている。これは公取委の範疇ではないかも知れないが、せめて着地点は示して頂けないか？

**公取委 加瀬川晃啓 課長補佐**　内閣官房の「適格請求書等保存方式の円滑な導入等に係る関係府省庁会議」はまさにそうした形を示すために、各省庁が事例を持ち寄るなどの取り組みを始めたところ。横展開できる事例を見い出すなど、しっかり対応していきたい。

**STOP! インボイス 小泉なつみ**　公取委はご承知とは思うが、大半の受注側は発注側に対して弱い立場にいるので、スタートラインの時点で力関係は不均

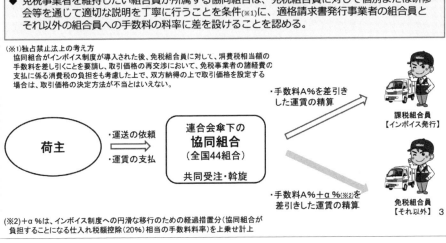

**【文書10】** 2023 年 4 月 24 日 関係省庁会議 国土交通省 赤帽の取組事例

衡。それにもかかわらず、現在も内閣官房がウェブサイトで公開している赤帽の事例では、インボイス未登録の事業者は手数料を上乗せする形で報酬を値下げして構わないという誤った情報発信になっている。「各省庁がこの事例にお墨付きを与えたのだからセーフだ」と解釈した各業界の発注側が、この赤帽の事例をロールモデルにする恐れがあるので、このような例は取り下げて頂きたい。物流業界に限らず、出版やエンタメなどあらゆる業界でこの考え方がまかり通ってしまったら、取り返しがつかないことになる。

**公取委 加瀬川晃啓 課長補佐**　我々としては、まずは色々な事例を載せることに重きを置いていることにご理解頂きたい。

**全商連 中山眞 常任理事**　「色々な事例」と言っても、誤解を招く内容を掲載してしまっては逆効果では？

　これ以降も公取委は質問に本質的には回答できず、制度説明の繰り返しになったため記載は省略するが、この個別レクチャーでの一連の質疑を通して判明したことを整理すると【図21】のようになる。

　要は、インボイス未登録を理由に一方的に取引を停止された証拠が書面で残っていても、公取委は独禁法の定義には当てはまらなければ取り締まることはない。そもそも独禁法や下請Gメンは企業対企業の取り締まりを想定した制度設計のため、個人事業主が当事者となるインボイスのトラブルを解決する仕組み（条文・体制・スピード感）になっていない。政府が国会で繰り返し説明していた「万全の対策」とやらは、実際は使い物にならない机上の空論だったのだ。

## 【図21】インボイス未登録を理由にした市場排除の「政府の主張」と「実態」のギャップ

**政府の主張**

**独禁法・下請法のQ&A公表による取り扱い明確化**
発注側が「受注側がインボイス未登録」を理由に各類型の行為を行った場合、優越的地位の濫用として独禁法・下請法で取り締まる

| No | 類型 | 発注側の取り締まり対象行為 |
|---|---|---|
| 1 | 取引対価の引下げ | 発注側の都合のみで著しく低い価格を設定 |
| 2 | 成果物の受領拒否、返品 | 受注側から商品を購入する契約後に商品の受領を拒否、もしくは返品 |
| 3 | 協賛金等の負担要請 | 取引価格の据え置きは受け入れる代わり、受注側に協賛金、販売促進費等の負担を要請 |
| 4 | 購入・利用強制 | 取引価格の据え置きは受け入れる代わり、取引以外の商品・役務の購入を要請 |
| 5 | 取引の停止 | 一方的に著しく低い価格を設定し、受注側が応じない場合に取引を停止 |
| 6 | 登録事業者となるような慫慂 | インボイス登録の要請にとどまらず、登録しない場合の取引価格引下げ、取引停止を一方的に通告 |

**下請Gメンの体制強化**
人員を倍増して発注側を厳しく取り締まる
（2022年4月に248名に倍増、2023年1月には300名に増員）

**GAP**

**実態**

独禁法は企業対企業の取り締まりを想定した制度設計のため、個人事業主が当事者となるインボイスのトラブルを解決する仕組み（条文・体制・スピード感）ではない

No5〜6に該当する事例を取り締まれないことを踏まえると、No1〜4も同様に、現場で起きることが確実視される様々な市場排除に対して独禁法で取り締まれない恐れが高い

No5〜6に該当する事例に対する公取委の認識確認を通して、「インボイス未登録」を理由に一方的に取引停止された証拠が書面で残っていても、独禁法で取り締まれない

現場で起きることが確実視される様々な市場排除に対して下請Gメンも同様に無力である恐れが高い

*左側（政府の主張）の出典：公正取引委員会「免税事業者及びその取引先のインボイス制度への対応に関するQ&A」（2022年3月8日改正）をもとに要約
*右側（実態）の出典：公正取引委員会レクチャー（2023年4月28日 参議院議員会館）の確認結果

# 個人情報漏洩問題を放置する一方、自らの名前と顔は隠す官僚たち

## 突然の方針変更

　1章で少しだけ紹介した個人情報流出の問題に関連して、全く別の観点で官僚の異常性が際立ったエピソードもある。インボイス登録事業者の本名バレ・居場所バレを引き起こす制度欠陥について、国税庁は 2022 年 9 月に仕様を変更して問題を改善したといったん発表したにもかかわらず、その対応がザル過ぎて実際は解決していないことが発覚。2023 年 2 月 3 日の超党派議連ヒアリングで技術者がデモ映像を交えて財務省・国税庁・公取委の官僚に原因と解決策まで含めて具体的に説明していた。

　しかし、その直後に官僚は火に油を注ぐかのような驚きの行動に出て、市民から大きな反感を買った。インボイス登録事業者の個人情報漏洩は具体的な指南を無視してまで放置した一方、自らの個人情報だけは過保護と呼べるほどに守ろうとしたのだ。何をしたのかと言うと、超党派議連ヒアリングの途中の回から突如として官僚だけは顔出し NG・匿名を条件に参加するようになった。具体的にどのように変化したのかと言うと、2023 年 2 月 3 日までは次第（【文書 11】）の末尾に「省庁出席者」として参加した官僚の所属部門・氏名がともに明記されていた。当然、顔写真の撮影も OK。

　しかし、その次の回にあたる 2 月 13 日の次第（【文書 12】）からは所属部門までの記載は残ったものの氏名は伏せられた。さらに、会合の開始前には一切の理由説明もなく、官僚の顔撮影撮影は今回から一切 NG になったことだけがアナウンスされた。

インボイス問題検討・超党派議員連盟
第3回会合　次第

2023年2月3日（金）12：00〜
衆議院第2議員会館　第1会議室

1.　会長挨拶

2.　協同組合 日本俳優連合よりヒアリング
　　池水 通洋 専務理事

3.　VOICTION 関係者よりヒアリング
　　小沼 努 氏（自動車会社の研究所にてプログラム作成等に従事していた技術者）

4.　質疑応答

5.　その他

【省庁出席者】
■財務省
　染谷 浩史 主税局税制第二課 企画調整室長
■国税庁
　福田 あづさ 課税部 軽減税率・インボイス制度対応室長
■公正取引委員会
　堀内 悟 経済取引局取引部 取引企画課長

【文書11】2023年2月3日インボイス超党派議連ヒアリング 次第

インボイス問題検討・超党派議員連盟
第4回会合　次第

2023年2月13日（月）12：00〜
衆議院第2議員会館　第1会議室

1.　会長挨拶

2.　全国青年税理士連盟よりヒアリング
　　高橋 紀充 全国青年税理士連盟理事・東京青年税理士連盟会長
　　加納 豊彦 全国青年税理士連盟 納税環境整備委員長

3.　「インボイス制度の導入に伴う FIT 制度（再エネ固定価格買取）
　　運用上の対応について」 資源エネルギー庁よりヒアリング

4.　質疑応答

5.　財務省に署名手交
　　「STOP！インボイス　多様な働き方とカルチャーを衰退させる
　　インボイス制度に抗議します」

6.　その他

【省庁出席者】
■財務省　　　　主税局税制第二課　企画調整室
■国税庁　　　　課税部 軽減税率・インボイス制度対応室
■公正取引委員会　経済取引局取引部 取引企画課
■資源エネルギー庁　資源エネルギー・新エネルギー部 新エネルギー課

【文書12】2023年2月13日インボイス超党派議連ヒアリング 次第

## 市民から湧き上がった疑問と怒り

　しかも、よりによって前回に個人情報漏洩問題の指摘を受けたばかり。それから丸10日が経過しても国税庁は何の対策もとらないままという最悪のタイミングだったため、この官僚の身勝手な方針変更に筆者は大変な違和感と怒りを覚えた。

　ヒアリング終了後、その違和感を率直にX（旧Twitter）で報告（【本章扉】）したところ、同様に違和感と怒りを感じた市民は大勢いたようで、リポストは当日中に2千を超えた。

　この時点で既に本名バレ・居場所バレを恐れてインボイス登録をためらう

個人事業主・フリーランスは筆者が知る限りでも相当数いた。また、声優の場合は「声」で様々なキャラクターを演じる特性上、いわゆる「政治的意見」と見做される「インボイス反対」と表明することを所属事務所やクライアントが快く思わないケースがあり、VOICTION のメンバーはインボイス以前に仕事を失うほどの覚悟で実名・顔出しで活動して矢面に立ってきた。そのため、筆者の投稿への引用リポスト（**【写真 15,16】**）という形で表明されたコメントの一部を紹介する。

　しかし、こうしたごく普通の反応すらも官僚たちは黙殺。これ以降も超党派議連ヒアリングは理由の説明もなく、顔出し NG・匿名を条件に参加し続けた。さらに、署名や要請書の手交時も同様の条件で参加するようになったため、提出時の写真に肝心の提出相手である官僚が一切映っていない奇妙な状況となった。そうした写真は次章以降で紹介する。

　その一方、原因だけでなく改善策まで具体的に指摘された事業者公表サイトの個人情報漏洩問題＊については、指摘から制度開始まで約 8 ヶ月の猶予があったにもかかわらず、管轄する国税庁はついに欠陥を放置＊＊したまま制度開始を迎えてしまった。

---

＊ 個人情報漏洩問題の仕組みはインボイス事業者公表サイトの仕様を詳しく説明する必要があるため本書では説明を割愛した。詳細を知りたい場合は筆者が theLetter「犬飼淳のニュースレター」で公開した「インボイス個人情報問題の国税庁対応はザル。今も氏名を含む全件データは取得可能（2）」（2023年2月5日）を参照頂きたい。

＊＊ この問題を国税庁が放置した経緯を詳しく知りたい場合は、筆者が同じく theLetter「犬飼淳のニュースレター」で公開した以下3本の記事を参照頂きたい。

・「インボイス個人情報漏洩を放置する国税庁の見解」（2023年3月26日）

・「役人の隠蔽（2）インボイス事業者公表サイトの仕様変更記録が一切存在しない国税庁」（2023年4月16日）

・「インボイス個人情報漏洩の原因を「現行法上、変更できない」は本当か」（2023年6月1日）

**咲野俊介** @398Syun · 2023年2月13日　　　…
どう考えてもこれは納得がいきません。
我々のリスクはどうでもいいのですか？
何故？何故？何故？

> **犬飼淳** @jun21101016 · 2023年2月13日
> これまでインボイス超党派議連公開ヒアリングでは、声優、俳優、農家、税理士など様々な当事者がリスクを背負って、実名・顔出しで参加してきましたが・・、
>
> 本日の第4回から突如として、【官僚の撮影・実名出しはNG】となり…
> さらに表示
>
> インボイス問題検討・超党派議員連盟
> 第4回会合　次第
> 2023年2月13日（月）12:00～
> 衆議院第2議員会館　第1会議室

【写真15】2023年2月13日 咲野俊介氏（VOICTION 共同代表）投稿

**西森千豊(にしもり ちひろ)** @chihirovoice · 2023年2月13日　…
なぜ官僚だけ撮影や実名出しNGになるの？？
我々はリスク背負ってまで参加してるのに？？？
本当に、本当に納得がいかない。
#STOPインボイス

> **犬飼淳** @jun21101016 · 2023年2月13日
> これまでインボイス超党派議連公開ヒアリングでは、声優、俳優、農家、税理士など様々な当事者がリスクを背負って、実名・顔出しで参加してきましたが・・、
>
> 本日の第4回から突如として、【官僚の撮影・実名出しはNG】となり…
> さらに表示
>
> インボイス問題検討・超党派議員連盟
> 第4回会合　次第
> 2023年2月13日（月）12:00～
> 衆議院第2議員会館　第1会議室

【写真16】2023年2月13日 西森千豊氏（VOICTION メンバー）投稿

# 第7章
## 制度開始直前の1ヶ月半におきた
## 奇跡と失望

2023年9月4日インボイス制度の中止・延期を求める緊急提言記者会見 署名手交（提供：STOP! インボイス）　左端が緊急提言を読み上げた甲斐田裕子氏、中央が小泉なつみ氏。前方で後ろ向きに映るのが手交相手の官僚（6章で紹介した経緯で顔出しNG・匿名の条件で参加しているため後方から撮影）

# 不可能と思われた反対署名 30 万筆をついに達成

　ここまでの 1 章〜 6 章にて、インボイスによる悪影響の広さと深刻さ、導入根拠のデタラメぶり、大手メディアの機能不全、政府対応の的外れぶりを順に説明してきた。そして、実は本書でここまで述べてきた内容の大半は、筆者が 2022 年4 月〜 2023 年 5 月に執筆・公開した約 30 本の記事を加筆・再構成したものである。要は、2023 年 5 月の時点で筆者としてはあらゆる観点でインボイスの問題を指摘し尽くした感があり、若干の燃え尽き症候群に陥っていた。そのため 5 月以降はイベント（記者会見、デモ等）への現地参加は続けたものの、実は新たな記事は数本程度しか出していない。最後まで諦めずに全力で活動を続けていた STOP! インボイスを始めとするメンバーに若干の後ろめたさを感じつつも、5 月以降は同時並行で取り組んでいた別のテーマに注力していたのが実態だ。

（例）神宮外苑再開発、マイナ保険証、英語スピーキングテスト（ESAT － J）による東京都とベネッセの入試破壊、横浜市役所と電通の癒着問題 等

　一方、国内の大手メディアの報道姿勢は 6 月 14 日の国会前デモ（全国一揆）、6 月 22 日の外国特派員協会での記者会見を経ても改善は見られず、「導入根拠を伴わない単なる増税」という本質に言及した報道は依然として皆無。こうした大手メディアの黙殺によってボトムアップによる問題意識の広がりには限界が見え始め、STOP! インボイスのオンライン署名は 4 月下旬に 20 万筆を超えて以降、21 万筆に到達したのは 8 月中旬。1 万筆の上乗せに 4 ヶ月近くを要しており、1 ヶ月半後に迫る制度開始までに目標 30 万筆の達成 * は不可能ではないかという空気が流れ始めていた。

　ところが最後の 1 ヶ月半、筆者も予想だにしなかった展開が待ち受けていた。

　最後の 1 ヶ月半で実に約 33 万筆も上積みされ、合計数は目標 30 万筆の倍近い 54 万筆以上に達したのだ。その爆発的な伸びは、制度開始まで 1 年間（2022年 10 月〜 2023 年 9 月）の賛同者数の推移をグラフにした【図 22】を見れば一目瞭然だ。

---

*30 万筆が目標の理由は、前年（2022年）11 月に STOP! インボイスがある自民党議員と面会した際に 10 万筆達成をアピールしたところ、「オンライン署名で 10 万筆は足りない。30 万筆以上は必要」と言われたため

## 【図22】オンライン署名 賛同者数推移（2022年10月～2023年9月）

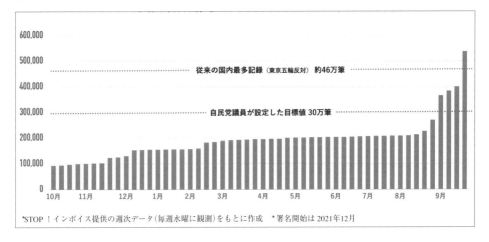

従来の国内最多記録（東京五輪反対）約46万筆

自民党議員が設定した目標値 30万筆

\*STOP！インボイス提供の週次データ（毎週水曜に観測）をもとに作成　\* 署名開始は 2021年12月

この爆発的な伸びの裏に何があったのか。当時の状況を時系列で整理する。

### 8月13日（日）

STOP! インボイスが 9 月 4 日の記者会見で省庁に伝える予定の緊急提言を先行して X（旧 Twitter）で発表。インボイス制度の問題点と矛盾を端的かつ網羅的に指摘した内容だったこともあり、投稿（【写真 17】）のリポストは 1 万 4 千を超え、提言への賛同者数（≒呼びかけに応じたリプライ数）は瞬く間に 2 千を超えた。これ以降、鈍化していた反対署名数が再び伸び始める。

### 8月20日（日）

1 週間前の緊急提言の先行発表をきっかけに署名数は再び増加し始めたものの、この時点ではまだ約 21 万 5 千筆。9 月 4 日の記者会見まで 1 日 6 千人ペースで増えなければ目標の 30 万筆を達成できないことを STOP! インボイスが訴える。

当時の筆者の率直な感覚を補足すると、20 万筆から 21 万筆までの 1 万筆の上積みに直近の 4 ヶ月弱（4 月下旬～ 8 月中旬）を要した直後のため、「今から急に 1 日 6 千人ペースはさすがに無理では……」という空気が漂っていたよ

**STOP！インボイス** ✓
@STOPINVOICE

インボイス制度開始一カ月前を切る9月4日、当会は緊急提言記者会見と財務省への署名手交を行います。

活動を始めた650日前から我々の要請はただひとつ、「STOPインボイス」です。
声明文にご賛同いただける方は返信でお名前を記載下さい。止めるために、皆さんの声、世論を政治家に求められています。

インボイス制度の中止・延期を求める
緊急提言（案）
2023年9月4日

インボイス制度を考えるフリーランスの会

我々は、2021年12月から650日間、フリーランス・個人事業主の当事者として「STOP！インボイス」を掲げてきた。制度開始30日前となる今、本提言に賛同する○○の団体、○○人の個人とともに、改めてインボイス制度の中止・延期を国に対し、求める。

【提言】
インボイス制度の中止・延期を求める

【提言理由】
インボイス制度とは、税率を変更しない消費税の増税である。
コロナ禍・戦争・物価高が襲う前の2016年に取り決められたインボイス制度は、ゼロゼロ融資の返済が本格化し、倒産件数が増え、実質賃金が15ヶ月連続マイナスとなる今、開始しなければいけない理由はどこにもない。
増税分は、「免税事業者」「課税事業者」「消費者」の誰かが負わされることになる。
「誰か」を決めるのは、市場の力関係であり、現場の人間の骨の折れる折衝である。弱い立場にある免税事業者は課税事業者への転嫁の

限む。若手の成長や起業を妨げれば産業は衰退し、文化の多様性をも損なう。

制度開始前からインボイス未登録を理由にした一方的な値下げや取り引きからの排除も散見されるが、「これは、独禁法違反に当たる恐れがある」と公正取引委員会は警鐘を鳴らす。
しかし、実際には「切られた理由」がわからないまま仕事を失うケースが多い。もともと、発注元が潰れることを危惧して公正取引委員会へ通報がしにくい弱い立場にある免税事業者は、ますます声を上げられない状況になやられている。
加えて、影響を受ける事業者が1000万超ともいわれる中、公正取引委員会がセーフティネットとして機能するとは到底、考えられない。

法案成立から7年経った現在も、道理の通った説明がない。

最後に。免税事業者がインボイス反対の声を上げると、「脱税」「ピンハネ」といった誹謗中傷を受ける事態があとを絶たない。しかし、財務省は消費税に「預り金」「益税」はないという見解を国会で示している。
その見解の周知・広報を徹底し、免税事業者の尊厳が守られることを強く要請する。

我々はフリーランス・個人事業主の集まりであるが、インボイス制度は事業規模や業種にかかわらず、この国で生きるすべての人に影響するものと考える。（実際、制度導入で電気代が上がることが国会で明らかになっている）。

午後6:15 · 2023年8月13日 · **344.8万** 件の表示

💬 2,153　　🔁 1.4万　　♡ 1.7万　　🔖 730　　⬆

【写真17】2023年8月13日 STOP! インボイス投稿

うに思う。ところが、これ以降に反対署名数はついに雪崩を打ったかのように爆発的な広がりを見せる。8月16日〜23日の1週間で1万筆以上を上乗せすると、翌週（8月23日〜30日）は1週間で5万筆以上、翌々週（8月30日〜9月6日）は1週間で9万筆以上を上積みするのだ。

**8月29日（火）**

午前 7 時過ぎの時点で 25 万筆を達成。

同日 23 時台にはさらに 1 万筆を上積みして 26 万筆達成。

## 8 月 30 日（水）

14 時台の時点で 27 万筆達成。

同日 17 時台、28 万筆達成。わずか 3 時間で 1 万筆を上積みするという驚異的なスピードとなり、「速報が間に合わない」と嬉しい悲鳴すら聞こえ始める。

そして同日 23 時台、ついに目標の 30 万筆を達成。（【写真 18】）

わずか 10 日前までは「今から 1 日 6 千人ペースはさすがに無理では……」という空気が筆者を含めて漂っていたことが嘘のように、期限（9 月 4 日）5 日前の目標達成となった。正直、なぜ突如として署名数が爆発的に伸びたのかは今でも筆者にはよく分からない。想像するに、インボイスに関しては誰一人例外なく不利益を被る制度であり、自らも当事者になるという問題意識が制度開始直前に一気に広まったのではないか。

参考までに STOP! インボイスのメンバーが定期的に観測していた当時の X（旧 Twitter）におけるポスト（ツイート）数グラフ（【写真 19】）を紹介する。

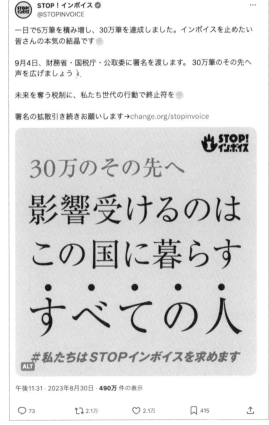

【写真 18】2023 年 8 月 30 日 23 時 31 分 STOP! インボイス投稿

やはり署名数と同様に8月後半から増え始め、30日は目標達成ということもあり爆発的に伸びて14,356件のポストを記録した。

## 8月31日（木）

12時台、目標達成翌日も勢いは衰えず約12時間でさらに3万筆を上積みした状況を踏まえ、国内最多署名記録（東京五輪開催中止 約46万筆）を更新する可能性について筆者自ら「一夜明けても署名の勢いは衰えず、すでに33万筆超。もはや国内最多の記録を塗り替えるのも時間の問題では」と投稿。

約3時間後の15時台、筆者の投稿にSTOP! インボイスが反応。「インボイス制度は開始1ヶ月前にもかかわらず、マスメディアの黙殺状態が続いています。そんな状況で市民の声が33万も集まっていること、集まり続けていることを、政治とメディアは重く受け止めてほしいです」と引用リポストした。後に設定する新たな目標値の布石となる。

## 9月4日（月）　緊急提言記者会見当日

その後も勢いは衰えずに増え続け、9時台の時点で36万筆を達成。「数を見せろ」と要求し続けた自民党議員が設定した30万筆という高いハードルに対して、満点回答と言えるほど圧倒的な「数の力」を示したと言える。

361,171筆の署名と共にSTOP! インボイスは当日13時30分から東京・永田町の

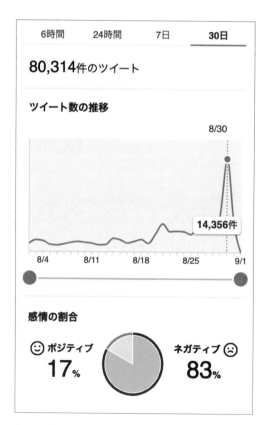

【写真19】2023年8月30日 Yahooリアルタイム検索 ツイート数グラフ（提供：STOP! インボイス）

議員会館で「インボイス制度の中止・延期を求める緊急提言記者会見」に臨んだ。

　これ以降、現地参加した筆者の所感も交えて当日の出来事をお伝えする。まず開始約30分前に会場入りした筆者が真っ先に驚いたのは、テレビ局のカメラの台数がこれまでと一変して圧倒的に多かったこと。1台ずつ確認したところ、これまで全くと言っていいほど現場に訪れなかったキー局（NHK、日本テレビ、テレビ朝日、テレビ東京等）のテレビカメラが勢揃いしていた。

　月曜の日中にもかかわらず、定員350席の会場が満席となり立ち見が出るほどの盛況（【写真20】）。公式配信映像の視聴回数は4万回を超えた。

　署名数、取材メディア、現地参加人数というあらゆる観点で、STOP! インボ

【写真20】2023年9月4日インボイス制度の中止・延期を求める緊急提言記者会見 会場全体

イスの活動開始以来かつてない注目度を集めた中で始まった記者会見。発起人である小泉なつみ氏は以下のように挨拶して会見を始めた。

　「私たちが今日、制度開始27日前に改めて強くSTOP! インボイスを主張するのは、インボイス制度が、この国らしさをかたちづくる文化と産業を破壊し、私たちに分断と増税、混乱を招く稀代の悪法だからです。（中略）私は付加価

値に税を課すことはクリエイティビティに対するペナルティではないかと思う
ようになりました。真っ白な紙から物語を紡ぐこと、土から農作物を生み出す
こと、指定された時間ぴったりに物を運ぶこと。何も無かったところから、現場
の人間の工夫、汗によって生み出された『付加価値』こそが『私らしさ』であ
り、商売の強みであり、それた『日本らしさ』として高く評価を受けてきた、『国
の財産』ではないでしょうか。

　私たちの強みであるオリジナリティの芽を摘み、煩雑で一切生産性のない
「ブルシットジョブ」で現場のモチベーションを落とす。そして、強いものを
より強くし、弱いものをさらに弱くする税制が、消費税インボイス制度です。
このような制度を推進する、『個』の力を応援しない国に、私たちの未来は託
せません。文化や伝統・スキルが継承されず、新たな才能の芽を潰すような税
制を国が率先して行うなど、国家的自殺行為としか思えません。

　この1年間、仲間とともに100人以上の政治家に会いましたが、制度を推進
する与党議員ですら、諸手を挙げてインボイス制度に賛成している議員は一人
もいないことが分かりました。ただみんな口を揃えて、『決まったことだから
仕方ない』と話すのです。たとえ決まったことであっても、問題があると分かっ
ているなら、政治の責任でやめればいいだけではないですか！

＊発言途中ではあったが、会場から自然と拍手が湧き起こる

　（中略）インボイス反対のオンライン署名は昨晩、36万筆を達成しました。
この一月あまりで15万筆増えています。脅威のスピードです。国内最多オン
ライン署名と言われる『東京五輪反対』は46万筆だそうですが、社会的認知
度や報道量に圧倒的な差がある中、これほどまでにインボイス反対の声が集
まったことを、報道陣の皆さんには重く、重く受け止めて頂きたいと思います。
インボイス制度は法案の成立から7年の間、メディアからの黙殺状態が続いて
います。正しい知識や情報を得る機会も少ない中、危機感を持って自ら声を広
げていった市民の皆さんのアクションに、希望を感じます。

　（中略）すでに決まっている法律であろうとも納得できないと思ったら、私た
ちが自分たちの声で変えていく。STOP! インボイスは、『決まったことだから仕
方ない』という今の社会にはびこる諦めと冷笑のムードを打破するアクション

でありたい。メンバー一同、そう思いながら約2年間、活動を続けてきました。
（中略）インボイス制度を今はじめることがなぜダメなのか、緊急提言のなか
にすべて詰め込みました。この緊急提言に賛同してくださった著名人・識者120
名、51の団体、SNSの呼びかけに応えてくれた2803名の市民の想いとともに、
緊急提言を発表したいと思います。甲斐田さん、発表よろしくお願いします。」

　小泉なつみ氏が冒頭挨拶を終え、満席の会場から万雷の拍手が湧き起こる中、
指名を受けたVOICTION共同体表の声優 甲斐田裕子氏が緊急提言の全文を読
み上げた。

　この緊急提言はインボイス制度の問題点と矛盾が端的かつ網羅的に指摘され
て内容が練り上げられていたことに加えて、甲斐田裕子氏の静かながらも力強
い語り口も相まって、会場は荘厳な雰囲気に包まれた。

　これ以降、3章で紹介した経理担当者向けの意識調査の発表をはじめ、軽貨
物、酪農、建設、司法書士など様々な立場の当事者が改めて制度の深刻さを指
摘。また、メインイベントとして財務省・国税庁・公取委の官僚に対して署名
が手交された（本章扉の写真参照）。

　会見は約1時間半で終了。最後を締め括った小泉なつみ氏の挨拶を紹介する。

「30万筆を目指して結構チャレンジングだなと思ってて、半分ちょっと無理
じゃないかと思っていましたが、あれよあれよという間にこの1〜2週間でも
のすごい数が積まれて結果的に36万筆までいきました。（中略）このインボイ
スの問題はこれまで大手メディアに無視され続けてきました。それでも市民の
草の根活動だけで36万人がちゃんとコミットしたことを、この事実を、本当
に報道してほしいと思います。」

　この締めくくりの言葉に対して、筆者も全くの同感であった。名もなき市民
の集まりであるSTOP! インボイスや、読者数に限界がある筆者のようなフリー
ランスの記者ができることは既にやり尽くしていた。あとは大手メディアが
「導入根拠はなく、ただの増税」という本質を報じるかどうかが最後の鍵と言
える状況であった。大手メディアが急に態度を改める可能性は限りなく低いこ

とは承知の上で、僅かな期待を胸に会見終了後に筆者はその問題提起を X（旧 Twitter）に投稿した。「本日の「インボイス制度の中止・延期を求める緊急提言記者会見」で目を疑った出来事。これまで会見に全く来なかったテレビ局が勢揃い。（NHK、日本テレビ、テレビ朝日、テレビ東京、TOKYO MX 等）。あとは【10月1日の前】に【導入根拠はなく、ただの増税】という本質とともに放送するかに注目します。」というのが、その全文である。

だが、やはり最後まで大手メディアの姿勢は変わらなかった。それだけではなくもともと低い期待値をさらに下回る形で制度開始を数日後に控えた土壇場、インボイス中止に向けた運動の足を引っ張る動きすら見せた。

## 反対署名 54 万筆の衝撃

土壇場にいったい何が起きたのか。会見翌日（9月5日）から制度開始（10月1日）までの出来事を再び時系列で整理していく。

### 9月9日（土）

STOP! インボイスが署名の新たな目標として 50 万筆を目指すと X（旧 Twitter）で発表。（【写真 21】）

当時の筆者の素直な思いを補足すると、この目標はさすがに無茶だと感じて非常に戸惑ったことをよく覚えている。この時点で会見後 5 日間の伸びは 1 万筆程度。会見直前のように連日数万筆が積み上がった時期と比べて、ペースはいったん落ちていた。せっかく目標の 30 万筆を達成したのに、これで新たに設定した 50 万筆を達成できなかった場合、勢いに水を差すことになりかねない。このアナウンスについて、筆者は事前に STOP! インボイス関係者と意見交換などをしていたわけではないが、もし事前に相談や意見交換の機会があったならば、間違いなく止めていたと思う。もしくは、達成の可能性を少しでも上げるために「目標を国

内最多記録（約46万筆）の更新に引き下げるべき」と強く意見しただろう。現に、これ以降も署名数の伸びは鈍化したままであった。しかし、制度開始直前の土壇場、筆者の予想をはるかに凌駕した爆発的な伸びが再び現実となった。

### 9月12日（火）

STOP! インボイスが9月25日の官邸前デモ開催をX（旧Twitter）で発表。12時台に38万筆を達成するも、デモ当日までの13日間であと12万筆を上積みして50万筆を達成するには、これから毎日9200人以上のペースで増やさなけれならず、依然として厳しい状況。

### 9月18日（月）

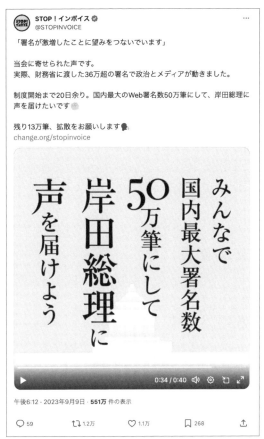

> STOP！インボイス ✅
> @STOPINVOICE
>
> 「署名が激増したことに望みをつないでいます」
>
> 当会に寄せられた声です。
> 実際、財務省に渡した36万超の署名で政治とメディアが動きました。
>
> 制度開始まで20日余り。国内最大のWeb署名数50万筆にして、岸田総理に声を届けたいです
>
> 残り13万筆、拡散をお願いします
> change.org/stopinvoice
>
> みんなで国内最大署名数50万筆にして岸田総理に声を届けよう
>
> 0:34 / 0:40
>
> 午後6:12・2023年9月9日・551万 件の表示
>
> 59　1.2万　1.1万　268

【写真21】2023年9月9日18時12分 STOP! インボイス投稿

22時からテレビ朝日「報道ステーション」でインボイス制度の特集を放送。導入根拠・益税については依然として政府の不正確な主張を垂れ流したものの、幅広い業種（リフォーム業、タクシー、家具店、衣料品店等）が当事者であり、地獄の3択（増税、報酬値引き、取引停止）を迫られる点までは辛うじて報道。

23時台、STOP! インボイスが官邸前デモの意義を説明した上で改めて署名を呼びかけ。この時点で約39万筆。官邸前デモ開催発表から6日間の伸びは約1万筆にとどまり、伸びは鈍化したまま。

## 9月19日（火）

　9時、PRTIMSにインボイスに伴う作業時間の増加を株式会社LayerXが試算した結果が掲載。毎月約3413億円のインボイス対応コストが発生する可能性を指摘。翌日以降、複数のウェブメディアが本調査をもとにした記事を派生的に配信し、インボイスによる増収見込み年間2480億円に対して余りに効率が悪いこともあり、「インボイス残業」という言葉と共にSNSでじわじわと拡散されていく。

　22時台、依然として伸びが鈍化したままのため、STOP! インボイスがこのままでは官邸前デモまでの目標達成は難しいことを率直に明かして署名を呼びかけ。

## 9月20日（水）

　19時台、41万筆を達成。久々に1日1万筆を上積みし、伸びが再び加速し始める。

## 9月21日（木）

　22時台、44万筆を達成。前日夜から一気に3万筆も上積みし、再び爆発的な伸びが始まる。

## 9月22日（金）

　18時30分頃、46万6千筆を突破し、2012年のChange.org日本版開始以来、最多賛同数を更新。19時台、STOP！インボイスが記録更新を報告【写真22】。

## 9月24日（日）

　1時台、勢いは全く衰えず、ついに目標の50万筆を達成（【写真23】）。国内最多記録更新後の約30時間で3万筆以上も上積み。

　当初は無謀に思えたほど高い目標（30万筆、50万筆）に対して、いずれもタイムリミット直前に爆発的な伸びを見せて達成。もはや神懸かりと言えるほどの奇跡のように筆者の目には映った。

## 9月25日（月）官邸前デモ当日

　その後も勢いは衰えずに増え続け、12時台の時点で52万筆を達成。「数を

【写真 22】2023 年 9 月 22 日 19 時 3 分
STOP! インボイス投稿

【写真 23】2023 年 9 月 24 日 1 時 30 分
STOP! インボイス投稿

見せろ」と要求し続けた自民党議員が当初設定した 30 万筆という高いハード
ルの実に 2 倍近くにあたり、圧倒的な「数の力」を再び示したと言える。

　しかし、STOP! インボイスは署名や緊急提言を直接手渡すため、約 1 ヶ月前
にあたる 8 月下旬から複数の自民党議員に対して水面下で調整・交渉を重ねて
きたにもかかわらず、自民党議員らは曖昧な理由で全て拒否。*

　こうした異様な状況の中、18 時 30 分から東京・永田町の首相官邸前で「LISTEN
TO OUR VOICE 岸田総理に STOP! インボイス史上最多オンライン署名 声を届
けようアクション」（以降「官邸前デモ」）が始まった。開始時刻前にはすでに
官邸前のエリアは参加者で一杯となり、それ以降に来た参加者は第 2 会場（徒
歩 2 分ほど離れた議員会館の前）へ誘導せざるを得ないほどの盛況であった。

---

\* 詳細な経緯は 9 月 28 日の声明で改めて説明

　これ以降、現地参加した筆者の所感も交えて当日の出来事をお伝えする。

　まず冒頭挨拶にて STOP! インボイス阿部伸氏はこれまでの経緯の説明も交えながら、インボイス中止を強く訴えた。以下、一部を抜粋する。

　「本日はお忙しい中、たくさんの方にお越し頂き、ありがとうございます。（官邸前の）メイン会場は既に満員で、（議員会館前の）第2会場もだいぶ人が集まってきているということです。（中略）今、中継をご覧になっている皆様もお疲れ様です。そして何より大事なことは今日ここに集まっている人たちの数の何百倍ものオンライン署名が集まっているという事実です！そして、それはオンライン署名国内ダントツ最多の50万超えを記録しています。」

*参加者から自然と拍手と歓声が湧き起こる

　「そして、こうしている今もその数は増え続けているという事実です。岸田首相は誰よりも聞く力があると僕は知っています。この50万筆の重みを、50万人の苦しみを僕らは、STOP! インボイスとしては直接手渡したいと考えています。そのためにも数週間前から様々なルートを使って直接手渡したいと交渉を

**【写真24】2023年9月25日 官邸前デモ 阿部伸氏 冒頭挨拶**
*多数の参加者・報道陣が駆けつけ、開始直後の時点でメイン会場は満員状態となった

続けてきました。けれども、手渡しも、議員事務所に訪問することも、議員さんの秘書さんを通じて受け渡しすることさえも、セキュリティ上の都合ということで全て断られています。また自民党の役員クラスの議員への手渡しについても要請していましたが、直接の受け取りはできないという回答でした。

　1年半前のことです。ある自民党議員に3万5千筆の署名が集まったことを伝えたら、鼻で笑われました。

　また別の国会議員に10万筆の署名を持って行ったら、『30万筆持って来い』と言われました。

　また、ある自民党議員に『大きな集会をやってみろ』と言われ、僕らは去年日比谷野音で1200人を集め、（今年）6月14日には全国一揆（国会前デモ）を行いました。

　ある自民党議員が言いました。『平日の昼間に議員会館の会議室を満席にしたら認めてやる』。9月4日、平日にもかかわらず議員会館の大会議室は満席どころか立ち見が出る350人の市民が集まり、財務省に緊急提言を手渡しました。

　自民党議員から『大きな塊を見せろ』と言われ 続けた2年間です。その大きな塊を見せる時が今だと思ってます。僕らはこの2年間、自民党議員の言う通りに動いてきました。そして、自民党議員からの要望を皆さんとともに全てクリアしてきました 。次は、政府が僕らの言うことを聞く番じゃないでしょうか！」
＊参加者のあちこちから「そうだー！」という大きな声と拍手が湧き起こる

「次は、総理が僕らの声を聞く番じゃないでしょうか！」
＊参加者のあちこちから、さらに大きく「そうだー！」という歓声と拍手が湧き起こる

「今夜僕らは総理の背中を押すために、そして総理の耳にSTOP! インボイスの声が聞こえるように50万筆の署名と共に、ここに集まっています。総理、次は総理が決断し、動く番です。『岸田総理にSTOP! インボイス史上最多オンライン署名 声を届けようアクション』、始めます」

　これ以降、2時間弱に及んだ官邸前デモではインボイスに反対する各政党の議員の挨拶に加えて、ウーバーイーツ配達員、作家、酪農家、英会話講師、漫画家、

お笑い芸人などがマイクを握った。それぞれの立場でインボイス制度の問題点を具体的に指摘する内容ではあったが、もはや本質的に訴えていた点は全員同じだったように思う。「まともな導入根拠もなく、ただの実質増税であるインボイスは中止一択」という一点だ。次いで、「そうした本質的な問題点どころか、史上最多の反対署名すらまともに報じない大手メディアへの憤り」も多かったように思う。こうした大手メディアへの苦言を含むスピーチを２点紹介したい。

　１人目は手前味噌ながら筆者のスピーチ。２日前に小泉なつみ氏から約１年半にわたってインボイスの問題を深く取り上げ続けた経験を踏まえてスピーチしてほしいと依頼があり、当初は完全に撮影目的で参加する予定だったため戸惑ったものの最終的に引き受けることとした。

　以下、自らの発言を紹介する。


「私は昨年の４月頃から、インボイスに強い問題意識を持つようになり、今日に至るまで関連する記事を30本以上書いてきました。今日は、この１年半の中で最も印象的だった出来事を話します。

　後ろに見える首相官邸で行われる、総理大臣記者会見。そこに私は継続的に参加し、昨年10月に１回だけ指名されて、岸田総理にインボイスの導入根拠を質問できました。きっと皆さんも耳にタコができるほど聞いたであろう、『インボイスは複数税率下での適切な課税に必要』という政府の主張。でも、その唯一の具体例である、「8％と10％の商品をまとめて10％で控除した事例」の数を、財務省・国税庁は把握していないどころか調査すらしていませんでした。自ら導入根拠に挙げながら、そのボリュームを調べない。もう誰がどう見ても、都合よくでっちあげた偽りの導入根拠です。私は岸田総理に対して この事実を示した上で、他にインボイスのまともな導入根拠は存在するのかと質問しました。結果、岸田総理はインボイスの導入根拠を一言も説明できませんでした。」

*聴衆から「岸田は（インボイスを）何も分かってないんだ！」と呆れ気味の声が飛ぶ


「そう。何も分かってないのかも知れない。その時は私も面食らったわけですが、よくよく考えてみれば、これは当たり前の話なんです。だって、インボイスに、まともな導入根拠なんて、始めから、一度たりとも、存在しなかった。

存在しないものを説明できるはずがない！ インボイスの本質は単なる消費増税。ゆえに、個人事業主やフリーランスに限らず、誰一人 例外なく、全ての国民が不利益を被る。これこそが、インボイス制度の本質です。」

　筆者は自らの正面にズラリと並んでいたテレビ局のカメラを見渡しながら、大手メディアの報道姿勢に言及しつつ、スピーチをこのように締め括った。

「しかし、この本質を、いわゆる大手メディアはついに1社も報じないまま、10月1日の制度開始を迎えようとしています。ここまで綺麗に足並みを揃えてメディアが黙殺した中、反対署名が国内最多記録を塗り替えた。驚異的です。でも、これも落ち着いて考えてみれば、当たり前のことでした。インボイスは、中身を理解すれば誰もが反対するほど、国民にとっては 百害あって一利なし！つまり、今後も反対の声は増える一方であることはもう確実です。最後の最後まで諦めず、一緒に反対の声を広げていきましょう。」

　取材する側でスピーチを依頼されたのは、筆者の他にもう1人いた。独立メディアである ChooseLifeProject の工藤剛史氏である。前年（2022年）11月頃からインボイス関連のイベント（記者会見、超党派議連ヒアリング、デモ）で姿を見かけるようになり、筆者と同様にほぼ皆勤で現地参加を続けた数少ないメンバーの一人である。
　かつて TBS で報道番組ディレクターを務めた経験を踏まえ、大手メディアの報道姿勢をこのように指摘した。

「2016年に税制大綱が出た時にインボイスも入ってました。入っていたにもかかわらず News23 の報道と言えば軽減税率。テイクアウトしたら8%でどうのこうのとか、そんな話ばっかりでした。今までメディア自体もインボイスの深刻さ、何が起こるのかについてうまく報道できてこなかった。でも、今は違う。もう50万を超える史上最大の署名数が集まりました。これをもって報道しないなんてことがあっていいんでしょうか？」
　　　　　　　　　　*聴衆から「そうだー！」「あり得ない！」と次々と声があがる

「もう知らないなんてことは絶対に言えないはずです。ちょっと検索すれば問題点は挙がっている。今日だって小規模事業者、フリーランスの方々がここに登壇して声をあげました。それを報じないで、メディアと言っていいんでしょうか？」

*聴衆から再び「そうだー！」とさらに大きな声があがる

「今日、大きなテレビカメラは……、NHK、来てました。日テレ、来てました。TBS も来てました。テレ朝も来てました。大きなカメラが来ているので、（NHK の）ニュースウォッチ 9、（テレビ朝日の）報道ステーション、（TBS の）News23、（日本テレビの）news zero。今日は短いニュースかもしれないけど明日以降、ここに登壇した当事者の声をしっかりと、そこにどういう葛藤があって戦っているか をしっかりと取り上げる特集が組まれるんじゃないかと期待しています。」

　しかし、この期待はまたしても裏切られた。当日以降、一部のテレビ局は官邸前デモや反対署名が 50 万筆を超えたことまでは辛うじて報じたが、ここまで大勢が反対する理由である「インボイスにまともな導入根拠はなく単なる増税」という最も重要な本質には一言も言及しなかった。

**報道の例**

9 月 26 日 テレビ朝日「インボイス制度の中止求め　総理官邸前で反対の声」

9 月 27 日 TBS「何が変わる？「インボイス制度」開始へ "負担増" で反対の声も　売上げ 1000 万円以下の事業者に迫られる判断【N スタ解説】」

*これまで圧倒的に報道量が少なかったテレビを優先して紹介したが、新聞（全国紙・ブロック紙以上）も状況は同じ

　さらに、「根拠なき増税」という本質には頑なに触れない一方、全く本質的ではない「署名の受け取り拒否」に着目した取材だけは過剰に行い、本業の傍ら市民運動を続けてきた STOP! インボイスを疲弊させるという、予想だにしなかった展開が待ち受けていた。これ以降、制度開始まで最後の 5 日間を再び時系列で紹介する。

## 9月26日（火）

　官邸前デモの当日深夜から奇妙な言説が SNS を中心に急激に出回り始めていた。

　STOP! インボイス側があえて総理が断らざるを得ない形で署名を持ち込み、「受取拒否された！」と勝手に騒いでいるという趣旨で、おおむね以下のような内容だ。

「官邸前デモの直前にいきなりアポなしで官邸を訪れて、当然のように断られた」

「そもそも 9 月 4 日の会見の時点で官僚への手渡しは叶っている。その後にセキュリティのハードルが高い岸田総理への手渡しが叶わなかったことを強調して、『受取拒否』と印象操作している」

「そもそもインボイスの主管は財務省なのだから総理は受け取る立場にない」

　これらの言説は、全て筋違いである。　　　　　＊詳細は後述の 9 月 28 日声明を参照

　さらに言えば、先ほど紹介した通り前日の官邸前デモの冒頭挨拶で阿部伸氏は約 1 ヶ月前から水面下で調整・交渉を重ねてきた経緯は説明しているため、STOP! インボイスの活動を意図的に貶める目的で拡散されたと推測される。

　参考までに STOP! インボイスのメンバーが定期的に観測していた当時の X（旧 Twitter）におけるポスト（ツイート）数グラフ（【写真 25】）を再び紹介する。

　26 日に爆発的に増えて実に 46,099 件を記録。前日の官邸前デモと同時刻に #STOP インボイス のハッシュタグデモも同時開催していたことを踏まえれば、明らかに奇妙な推移を辿っている。ちなみに 46,099 件というのは、先に 8 月 30 日（30 万筆達成当日）で紹介した爆発的伸び（14,356 件）の 3 倍超にあたる。この時期、SNS では筋違いの揚げ足取りが圧倒的な物量で襲いかかっていたことを示していると言える。そして、多くの大手メディアもこうした全く本質的ではない揚げ足取りに加担した。

## 9月27日（水）

　12 時 41 分　TBS が「インボイス反対署名　岸田総理の議員事務所に郵送　松野官房長官「適切に対応する」」と題して、署名受け取りに焦点を当てたネット記事を配信。

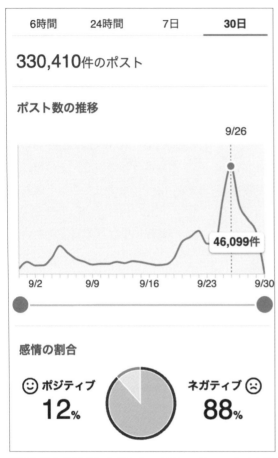

【写真25】2023年9月29日 Yahoo リアルタイム検索 ツイート数グラフ（提供：STOP! インボイス）

13時15分　官邸前デモについての記事は確認できないフジテレビが「インボイス反対署名50万人　松野官房長官「岸田首相の議員会館に郵送と聞いている」」と題して、署名受け取りに焦点を当てたネット記事を配信。

13時20分　官邸前デモについての記事は確認できない毎日新聞が「官房長官「届けられた事実ない」インボイス反対署名受け取り拒否」と題して、署名受け取りに焦点を当てたネット記事を配信。

＊上記の紹介は大手メディアに絞ったが、雑誌・ネットメディア等も含めると類似の記事は膨大な数にのぼる

### 9月28日（木）

　　全く本質的でない報道の過熱によって取材対応に忙殺されたことを受けて、STOP! インボイスは20時台に自らのウェブサイトにて「「STOP! インボイス」のオンライン署名について」と題して、提出の経緯を整理した計2枚の文書から成る声明【文書13,14】を発表。X（旧Twitter）でも同様の内容を投稿した。

　この声明によって不正確な言説は沈静化に向かうが、これまでの経緯について詳細な事実確認を必要とする計5枚の文書を新たに作成する必要に迫られた

# 「STOP！インボイス」のオンライン署名について

「インボイス制度を考えるフリーランスの会」、通称「STOP！インボイス」は、オンライン署名を起ち上げて以降、約2年の間に計3回、財務省などに署名を提出してきました。しかし、政府は「円滑な導入を進める」と繰り返すだけで、インボイス制度に関する多くの問題は放置されたままです。
同時に、メディアにこの問題を扱ってもらおうと、署名提出の度に記者会見を開いてきましたが、開始直前になっても問題の本質を報道してくれるメディアはほとんどなく、その結果、開始直前にもかかわらず、いまだにインボイス制度を知らない人が3割もいるのが現実です（報道ステーション世論調査 https://www.tv-asahi.co.jp/hst/poll/202309/）。

これまで当会は、インボイス制度を止めるためにはオンライン署名で集まった反対の「声」を自民党国会議員に届けることが必要だと考え、鈴木俊一財務大臣をはじめ、さまざまな自民党国会議員に署名の受け渡しを試みてきましたが、いずれもかないませんでした。
そうした中、オンライン署名数が国内史上最多の50万筆超となったことで、メディアからの問い合わせが急増。制度開始直前の今、唯一、「中止・延期」を決断できる岸田総理に「直接会って手渡すこと」がもっとも効果的な方法であると考え、岸田総理への直接の受け渡し、あるいは秘書への受け渡し、同時に萩生田光一政務調査会長への受け渡しも含めて交渉を続けてきました。その結果、岸田文雄国会事務所より「郵送」であれば受け付けるという回答がありました。※詳細な経緯は〈「STOP！インボイス」オンライン署名提出の経緯とこれまでの活動について〉を参照
しかし、郵送しただけではこれまでと同様に、インボイス制度の問題点も、私たちの声も、政府とメディアに届くことなく終わってしまうのではないかと危惧し、あくまでも直接声を届けるために「手渡し」にこだわり、「郵送」することを見送りました。
実際、署名以前に手渡しを断られ、岸田文雄国会事務所に郵送、同時に萩生田光一国会事務所を訪問し、秘書に渡していた「緊急提言」については、送付から2週間経った9月28日現在も、反応はありません。
なお、25日に官邸前で集会を行ったのは、文字通り、当事者の「声」を直接届ける行為をメディアに報道してもらい、問題を可視化するためであり、一部SNS等で噂されているような、「アポ無しで官邸に直撃して署名を渡す」意図で開催したものではありません。

政治・社会活動の経験がなく、業界団体などにも所属していないフリーランスの発起人が、インボイス制度の問題点を広く世に問うため、もっとも身近に声を上げられるツールとして選択したのが、オンライン署名でした。リアルなつながりも人手も資金も乏しい私たちはSNSが活動のメインの場所でしたが、オンライン署名との親和性は高く、制度開始を前に賛同者が急増。結果、日本最多署名数となる54万筆を突破しました。

【文書13】2023年9月28日「STOP！インボイス」のオンライン署名について　1枚目（提供：STOP！インボイス）

その一方、オンライン署名は国内法がなく、集った署名を届けるための「正規のルート」や「正しい取り扱い方」が存在しません。加えて、団体に所属しない個人の集まりである当会は、もともと政治にアクセスしにくい立場にあり、集った声を政府に届けることは容易ではありませんでした。

フリーランス新法の整備が進み、政府を挙げてフリーランスという働き方を後押しするなか、オンライン署名の「政治的アクセス」を法整備することを含め、これまで可視化されてこなかった小規模事業者やフリーランスといった一人ひとりの声を、迅速に政治に反映する仕組みづくりが必要ではないかと考えます。

今回、「署名受け取り拒否」という言葉が脚光を浴び、これまで無視され続けてきたメディアから取材依頼が殺到しました。インボイス制度の問題点や当事者の声ではなく、「署名を受け取ったか否か」にフォーカスが当たっていることに、戸惑いを感じています。

インボイス制度導入によって苦しんでいる人一人ひとりの「声」を報じてもらうために我々は賛同者を募り、それに対して54万超の皆さんが勇気を出して立ち上がってくれたのです。その「思い」や問題点に向き合わず、表面的な事象に終始するメディアの姿勢は、今の政府のスタンスとかぶるものがあります。小さな声をすくいとって多くの人に届けることが、"マスメディア"の役目ではないでしょうか。

昨日9月27日、松野博一内閣官房長官が定例会見の中で当会の署名提出について触れ、「政府に届けば適切に対処する」と発言されました。ついては、当会は、政府に54万筆超のオンライン署名を「手渡し」する要請を行います。

2023年9月28日
インボイス制度を考えるフリーランスの会

【文書 14】2023 年 9 月 28 日「STOP! インボイス」のオンライン署名について　2 枚目（提供：STOP! インボイス）

ことは、STOP! インボイスにとって想定外の負担となった。ただでさえ官邸前デモという大きなイベントを終えた僅か 3 日後。水面下では岸田総理への署名の手渡しの調整・交渉を並行して続けていたことも踏まれば、精神的・肉体的疲労はピークに達していたことは想像に難くない。

　また、同声明ではオンライン署名提出とこれまでの活動の詳細な経緯が計 3 枚の文書に整理されていた。以下、署名提出方法の交渉に関係が深い部分を抜粋する。

**2022 年 11 月上旬**：自民党国会議員 D と面会。オンライン署名の話題の中で 10 万筆では足りないこと、30 万筆以上は必要という話が出る。オンライン署名の受け取りは政治的立場を理由に断られる。

**2023 年 1 月上旬**：某自民党国会議員秘書に連絡。自民党議員へのオンライン署名の受け取りについて相談するも、勉強会の実施など 別の提案を受ける。

**2023 年 8 月 16 日**：超党派議連と打ち合わせ。9 月 4 日に行う緊急提言記者会見に合わせて、鈴木俊一財務大臣との面会および緊急提言とオンライン署名の受け渡しができないか、超党派議連を通じて要請することを依頼する。

**2023 年 8 月下旬**：財務省より鈴木財務大臣との面会は超党派議連役員の議員のみでお願いします との回答を得る。その後、財務大臣ではなく財務副大臣対応になったことが伝えられる。さらに 9 月 4 日当日、副大臣が病気と伝えられ、代わりに財務大臣政務官が超党派議連役員の議員団と面会。

**2023 年 8 月 29 日**：自由民主党本部に電話。9 月 4 日の記者会見にて発表する緊急提言を岸田首相に渡したい旨を相談。岸田文雄国会事務所に問い合わせるように指示を受ける。

**同日**：岸田文雄国会事務所に電話。対応した秘書より、岸田首相および秘書の記者会見への出席、議員事務所への訪問による緊急提言の受け渡し、秘書への受け渡し、これらについてはセキュリティ上の都合のために受け付けないことが伝えられる。ただし、郵送にて受け付けるとの回答を得る。

自民党の政務調査会長・萩生田光一国会事務所に電話。緊急提言を渡したい旨を相談。担当した秘書より「9月4日に事務所に来れば秘書が受け取る」と言われる。萩生田政調会長に直接、手渡しすることは断られる。

**2023年9月4日**：オンライン署名36万1171筆ならびに緊急提言を財務省・国税庁・公正取引委員会、野党各党へ提出。記者会見を実施。超党派議連による鈴木財務大臣への面会がかなわなかったことは前述の通り。

**2023年9月4日**：萩生田光一国会事務所を訪問。緊急提言を秘書が受領。萩生田政調会長との面会を改めて調整できないかと尋ねるも、断られる。これらのやり取りはドアを半分開けた状態で、STOP! インボイスのメンバー3人は外にいる形で行われた。名刺交換をする間もなく、緊急提言を受け取ってもらったのみで終了。

**2023年9月13日**：岸田文雄国会事務所に緊急提言を郵送。

**同日**：岸田文雄国会事務所に電話。緊急提言を郵送したことを報告。期日は設けずオンライン署名の受け渡しができないか相談したが、8月29日の回答と同様、郵送のみの受付で直接の手渡しはできないとの回答を得る。

**2023年9月中旬**：自民党国会議員Eと面会。オンライン署名を岸田首相に直接手渡したい旨を相談。萩生田政調会長に電話で問い合わせると伝えられる。

**2023年9月中旬**：自民党国会議員Eの秘書と電話。岸田首相への手渡しが無理なら、萩生田政調会長に手渡したい旨を伝える。

**2023年9月中旬**：自民党国会議員Eの秘書と電話。岸田首相と萩生田政調会長への直接のオンライン署名の受け渡しはできないとの回答を得る。

**2023年9月22日**：オンライン署名が46万6000筆を超え、オンライン署名国内最多の賛同数を記録。

**2023年9月24日**：オンライン署名が50万筆超に。

**2023年9月25日**：「LISTEN TO OUR VOICE 岸田総理に STOP! インボイス 史上最多オンライン署名（50万超）の声を届けようアクション」を官邸前にて開催。

出典：2023年9月28日「STOP! インボイス」オンライン署名提出の経緯とこれまでの活動について

＊全3枚のうち署名提出方法の交渉に関係が深い部分を抜粋

## 9 月 29 日（金）

　月末の翌 30 日は土曜日のため、制度開始前最後の平日。もう新たな動きは無いのではないかと筆者も半ば諦めた気持ちで午前中を過ごしていたが、午後に入ってから急展開を見せる。15 時 19 分、VOICTION の広報を務める福宮あやの氏から当日に岸田総理秘書への署名入りの USB メモリを手渡し、その後に 17 時から議員会館で記者会見を開催すると連絡が入ったのだ。慌てて身支度を整えて、筆者は東京・永田町へ向かった。

　総理本人ではなく秘書だったとはいえ、長らく希望し続けた対面での署名の手渡しがついに叶ったわけだが、会場で目にした STOP! インボイスや VOICTION のメンバーたちの顔つきには達成感よりも疲労感が色濃かったように筆者の目には映った。多くの主要メンバーとは既に知り合ってから約 1 年以上経過し 10 回以上のイベントで顔を合わせてきた中、4 日前の官邸前デモと比べても明らかに憔悴していた。制度開始前の最後の土壇場、全く想定外の形で心身をすり減らされたことが影響したのは確実だろう。

　そうした状況で 17 時から始まった記者会見。冒頭、突然の署名提出となった経緯について小泉なつみ氏が説明する。以下、発言を抜粋する。

「皆さん、今日は突然お集まり頂き、ありがとうございます。先ほど午後 4 時半、岸田組総理大臣の秘書にインボイス制度反対オンライン署名 54 万 3114 筆を提出したことを報告いた します。署名の提出は衆議院第 1 議員会館の 1 階ロビーで行われ、5 分程度で終了しました。このオンライン署名を巡っては、セキュリティ上の都合で岸田文雄総理大臣に手渡しすることができず、郵送の受付をお願いされていました。制度開始 2 日前になり、交渉を粘り強く続けた結果、岸田文雄国会事務所の秘書に急転直下で今日、手渡しできました。これは皆さんが勇気を持ってあげた反対の声が岸田総理に届いた結果ではないかと考えています。つまり、直接受け取らざるを得ない状況に今あるのではないかと思います。」

　筆者がメンバーに個人的に聞いた内幕を補足すると、制度開始前の 9 月と制度開始後の 10 月では天と地ほどの差があるため、9 月最後の平日である当日、ダメ元で岸田文雄国会事務所に電話をかけて交渉したところ、意外にもあっさ

りと受け取り OK という返事が返ってきたという。対応方針が突如変わったのは、小泉なつみ氏が説明した通り、数の力によって直接受け取らざるを得ない状況に追い込まれたということだろう。こうした状況を踏まえて、小泉なつみ氏は次のように説明を続けた。

「松野官房長官も定例会見の中で当会の署名提出について触れ、政府に届けば適切に対処すると発言されました。岸田総理には 54 万を超える皆さんのインボイス反対の思いをぜひ適切に受け止め、対処していただきたいと思います。（中略）インボイス制度に対する不安への解消については中止・延期しかあり得ないと思います。当会ではインボイス制度が止まるまで、このオンライン署名を続けてまいります。（中略）インボイス制度は与党の議員すらも反対せざるを得ない制度。この声をメディアの皆様には是非すくい取っていただき、問題の追求をお願いしたいと思います。ありがとうございました。」

　小泉なつみ氏は約 5 分ほどで手短に経緯説明を終え、残りの約 45 分間はたっぷりと質疑応答に費やされた。この質疑で印象的だったのは、これまでの記者会見と同様に質問したのは筆者のようなフリーやネットメディア、機関紙（しんぶん赤旗、商工新聞）に限定されたこと。この会見には TBS やテレビ朝日等のテレビカメラが並び、朝日新聞や毎日新聞など全国紙の記者も参加したが、最後まで息をひそめるように質問や発言は皆無だった。
　会見では小泉なつみ氏がメディアの報道姿勢について珍しく苦言を呈する一幕もあった。

「（大手メディアがインボイスについて報じないことを）大変問題だと思っています。この運動は政治とメディアに声を届けることが全てだと思ってます。それをしないとインボイスは止められないという思いでずっとやってきました。（中略）（25 日の官邸前デモの後に）『受取拒否』という言葉だけが SNS 上で出回って、それについてメディアの取材が殺到した。ただ、それはインボイスの問題とほとんど関係がなくて……、というか全く関係ない。当事者の声も聞かず、問題の本質も伝えず、ただ首相が受け取ったか受け取らないかとい

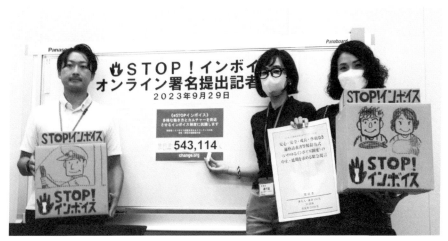

【写真 26】2023 年 9 月 29 日 署名提出記者会見 登壇者 3 名 ＊左から佐々木淳一氏（インボイス制度の中止を求める税理士の会）、小泉なつみ氏（STOP! インボイス）、甲斐田裕子氏（VOICTION）

う、すごく上っ面の情報だけを欲しがる報道に対して、ものすごく不信感や苛立ちを常に感じてきました。小さな声を大きくして届けるのがメディアの役割のはずなのにそれを全くやってこず、制度が始まろうとする今、季節ネタのように飛びついて「（インボイスが）始まります」みたいな、「紫陽花が咲きました」と同じように季節ネタとして報じる。これはもう、政治のダメさとメディアのダメさがリンクしている。」

　大前提として、記事や SNS で直接的に大手メディアへの批判を繰り返してきた筆者と異なり、小泉なつみ氏を始めとるする STOP! インボイスはこれまでメディアへの直接的な批判は極力避けていた。# メディアはインボイスの報道を というハッシュタグを用いて、あくまでも肯定的に報道を呼びかけてきた。その本人がここまで直接的な表現で批判せざるを得なかった事実が、制度開始直前の大手メディアの働きぶりが、もともと低い期待値をさらに下回るほど低次元だったことを物語っている。

　改めて、制度開始直前 3 ヶ月の署名数の伸びに主な出来事をマッピングすると【図 23】のようになる。

当初は実現不可能に思われた高い目標（30 万筆、50 万筆）をいずれもタイムリミット直前の爆発的な伸びで 2 回とも達成。圧倒的な「数の力」を示したことで、最終的には総理秘書への手渡しを実現。名もなき市民が始めた活動としては 100 点満点中 120 点と言える成果を挙げた。

その一方、ここまで多くの市民が反対した理由である「インボイスにまともな導入根拠はなく単なる増税」という最も重要な本質を大手メディアはついに報道することは無かった。結果、多くの国民がその実態を知らぬまま、その日を迎えることとなった。

## 10 月 1 日（日）

適格請求書等保存方式（いわゆるインボイス制度）、開始。

## 【図 23】オンライン署名 賛同者数推移（2023 年 7 月〜 2023 年 9 月）

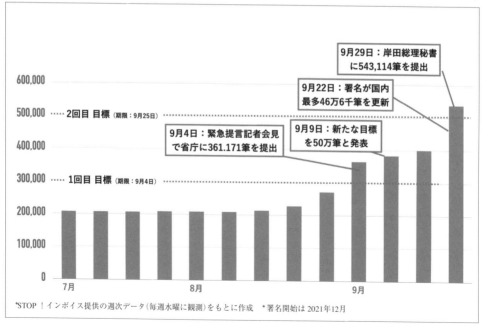

*STOP！インボイス提供の週次データ（毎週水曜に観測）をもとに作成　*署名開始は 2021 年 12 月

# 第8章
## 予想された通りの制度開始後の混乱

2023年11月13日 インボイス制度開始1ヶ月 緊急意識調査 結果報告記者会見 要請書手交（提供：STOP! インボイス）　＊前方で後ろ向きに映るのが手交相手の官僚（6章で紹介した経緯で顔出しNG・匿名の条件で参加しているため後方から撮影）

# 制度開始 1 ヶ月で次々と現実になった 指摘済みの問題

## 調査で定量化された深刻な悪影響

　2023 年 11 月 13 日、東京・永田町の議員会館で STOP! インボイスは「インボイス制度開始 1 ヶ月緊急アンケート結果報告」＊と題して記者会見を開催した。名前の通り、会見はアンケート結果の発表を軸に進行した。

　アンケートでは、開始前に指摘されながら政府が放置した問題の数々が制度開始直後から次々と発生していることが定量的に明らかにされた。以下、一部を抜粋して紹介する。

　インボイス制度によって起きた取引や業務などの変化を問うた結果（【図 24】）、実に 5 割超が「経理事務負担の増加」を感じ、3 割超が「説明や交渉の負担」「手取りの減少」を訴えた。

　インボイス制度の影響も踏まえた事業・仕事の見通し（【図 25】）については、「問題はない」と回答したのはわずか 4 人に 1 人。残りの 4 人中 3 人はインボイス制度によってマイナスの影響を受けていた。さらに、廃業を検討、もしくはすでに廃業した者が 1 割を超えた。

　廃業を検討、もしくは既に廃業した 219 名の立場（【図 26】）を確認したところ、実に約 9 割が年商 1000 万円以下の事業者であった。

　つまり、収入が低く、立場も弱い零細事業者がインボイス制度によって静かに市場から姿を消している。「弱い者いじめ」というインボイス制度の本質がハッキリと数字に現れたと言える。

## 農家と飲食店の悲痛な訴え

　会見では、こうした当事者の悲痛な訴えを VOICTION 甲斐田裕子氏が代読

＊ 集計期間：2023年10月20 ～ 31日、有効回答数：2868件、調査対象：フリーランス、会社員、経営者など インボイスの影響を受ける方、調査方法：Web アンケートツールを用いたオンライン調査、調査主体： STOP! インボイス

## 【図24】インボイス制度開始1ヶ月緊急意識調査「インボイス制度によって起きた取引や業務などの変化」

（提供：STOP! インボイス）

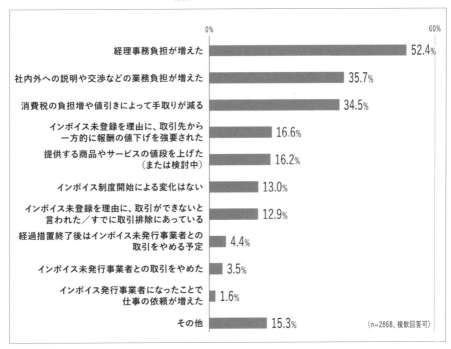

## 【図25】インボイス制度開始1ヶ月緊急意識調査「インボイス制度の影響も踏まえた事業・仕事の見通し」

（提供：STOP! インボイス）

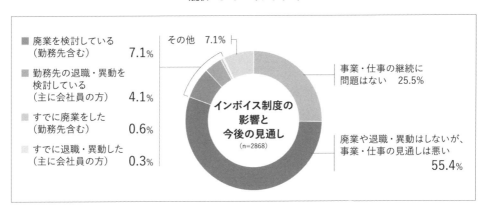

## 【図26】インボイス制度開始1ヶ月緊急意識調査「廃業検討・すでに廃業した方の立場」（提供：STOP!インボイス）

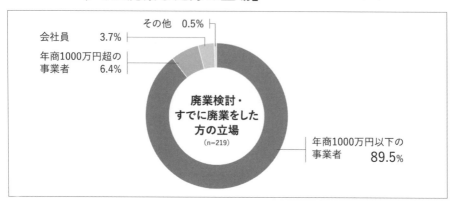

した（【写真27】）。

*直前までは会場で本人が訴えることを交渉していたが、顔や名前を出すことによる取引や地域からの排除、インボイス対応に関連した業務多忙を理由に代読という形になった

　まずはインボイスが原因で廃業した、茨城県で米と野菜をつくってきた60代農家の声を紹介する。

　「米農家は国に守られているという誤解が広がっているみたいですが、実際には虐められていると感じてしまうことばかりでした。僕が米農家を始めた頃は食料管理法に基づいて、政府が生産者から米を買い入れる法律があった時代です。その後、1995年に食糧法が施行されて規制緩和が進み、減反政策が廃止となり自由化が進むものの様々な規制は残りました。ある程度の規制は仕方ない分もありましたが、販売に関しては勝手に売ることはダメと言われていたところから急に自分たちで責任を持って売りなさいと言われ、それは短期間での大きな変化でした。経営者の気持ちになって売りなさいと言われ、やったことのない販路の開拓をしたり他の野菜をつくり始めたりして今に至ります。なんとか細々と続けてきたのですが、この数年コロナに加えて燃料や電気代の高騰でコストは高くなるし、肥料や飼料も輸入がほとんどなので円安の影響でこちらも高騰です。これって農家の責任ではなく、政策の責任ですよね？減反とこ

【写真28】2023年11月13日 インボイス制度開始1ヶ月 緊急意識調査 結果報告記者会見で当事者の声を代読する甲斐田裕子氏（提供：STOP!インボイス）

んな現状から周辺には耕作放棄地が増えてきました。それでもなんとか兼業で続けてきました。利益がほとんど出ないので、もちろん兼業です。うちは大規模ではないし野菜も複数扱っているので地産地消の市場に全てを出荷していました。その市場で2年くらい前に簡単なインボイスの説明会があったんです。インボイスに登録していない場合、関係を継続できないという話でした。そこからインボイスを調べてみたら移行（期間）はあるものの最終的には売上の10％がいずれ納税対象になると。そうなると納税額が利益を上回ってしまう。廃業以外の選択肢はありませんでした。家族が食べる分だけ作って、後の土地は売ることに。農業を企業化している会社に農地を貸すことも考えたのですが、その場合もインボイスが関係があるのかを調べたら、土地そのものは非課税だけれど農業設備や施設などは課税取引になるためインボイスが関わる可能性があるなど制度が複雑。やがて様々なことが面倒になってしまって……。これからは工業化された農作物しか成功しない世の中になる。個人的にはコスト削減で効率的に作る作物、土や作物に愛情を持つ感覚の無い人が作る作物は怖いと思うけど、それは日本人が選んだ道なのです。政治家の皆さん、国民の皆さん、プロが手塩にかけて安全性と味を追求した作物が消える世の中でいいのですか？インボイス制度はお金だけの話ではなく国民の健康に深く関わると、辞め

ていく僕は本当にそう問いたいんですよ」

　次に、インボイスに登録したものの対応に悩む都内の飲食店の声。

「私は12歳で中国から日本に来て都内でお店を始めて10年以上になります。この物価高で日々4〜5軒の八百屋を巡り、少しでも安くて新鮮な材料を手に入れるよう努力しています。そのために時間が取れず、今日は現地に行けないので手紙を書きます。インボイス制度が始まってから常連の会社員の人がお店に団体で来てくれました。その時の売上は4万円ほどだったと思います。後日その会社員の人から店に電話があり、『昨日の飲食代のインボイスをくれないか』と言うのです。『うちはインボイス出せません』と言うと、『それならば10%値引きしろ』と言われました。どう返していいかわからず、『今度お店に来た時に消費税分を返す』と約束してしまいました。私は中国生まれで日本語の読み書きも得意ではなく、複雑なインボイス制度を理解することは難しいです。相手はランチでもうちのお店を使ってくれる常連さんです。そんなお客さんからインボイスについて何か言われてもその場でうまく答えることもできません。毎回説明するのも負担なので、この前インボイスに登録しました。物価高で仕入も高額になっています。毎日買出しに行く度に何回もレシートを確認しています。コロナがやっと終わってお客さんが戻ると思った矢先に今度は物価が上がり、そしてインボイスが始まってしまいました。インボイス制度があって良かったと思ったことはありません。どうか商売を続けさせて下さい。」

## 地獄から引き返す唯一の方法

　こうした深刻な実態を踏まえて、会見中盤にSTOP! インボイスは「制度開始一ヶ月の実害を踏まえた 適格請求書等保存方式（インボイス制度）の運用停止・中止・廃止を求める要請書」（【文書15】）を関係省庁（財務省・国税庁・公正取引委員会・中小企業庁）に提出した。

　要請書では6つの問題点を整理して、これらを是正できない限り制度の運用停止・中止・廃止を関係省庁に要請。また、9日後（2023年11月22日）ま

# 制度開始一ヶ月の実害を踏まえた
# 適格請求書等保存方式（インボイス制度）の
# 運用停止・中止・廃止を求める要請書

2023年11月13日
インボイス制度を考えるフリーランスの会

インボイス制度を考えるフリーランスの会では、適格請求書等保存方式、いわゆるインボイス制度の開始1ヶ月を機に、オンラインによる緊急意識調査を行った（調査期間：23年10月20日〜31日）。わずか11日間の募集期間で免税事業者、課税事業者、会社員、経営者などから集まった声は約3000件におよび、自由記入欄とした「制度開始で不安に感じていること」へのコメントには約2000件の声が寄せられた。

本調査では、インボイス制度開始によって**会社員を含む回答者全体の約7割**が「**事業の見通しは悪い**」「**廃業・退職・異動も検討**」と、**マイナスの影響がある**と回答。インボイス発行事業者である／なしにかかわらず、同制度が仕事や暮らしに悪影響を与えている結果が明らかになった。

我々は、今回寄せられた不安や実害の声を以下の6つの問題点として整理した（以降、枠内は本調査に届いた声を一部抜粋して記載）。当会は21年12月の活動開始より一貫して、以下の点について問題を訴え、見直しを含めた中止・廃止を度々、政府・行政に呼びかけてきた。危惧が現実のものとなった今、この**6つの問題点を是正できない限り、インボイス制度の当面の運用停止・中止・廃止を改めて要請する。**

**財務省・国税庁・公正取引委員会、中小企業庁の皆さまにおかれましては、本要請に対する見解を、2023年11月22日（水）までに下記のメールアドレスまで、ご回答いただけますよう、お願いいたします。**

## 【1】 不景気・物価高の中での"インボイス増税"であること

ゼロゼロ融資の返済が本格化し、倒産件数が増え、実質賃金が18ヶ月連続マイナスとなる今、増税となるインボイス制度が開始されたことで、事業継続への危機感を募らせる声が多数届いた。また、回答者は20〜40代の現役世代が約8割を占めることから、ライフプランや子育てへの影響を懸念する声も多い。

コロナ禍、戦争による物価高騰を受け、世界の100カ国以上で消費税（付加価値税）の減税が行われる中、不況にあえぐ現状での"インボイス増税"は、世界の潮流に逆行するものと言わざるを得ない。消費税増税分を民間同士で押し付け合う不毛な仕組みから、抜本的に改めることを求める。

【文書15】2023年11月13日 適格請求書等保存方式（インボイス制度）の 運用停止・中止・廃止を求める要請書 1枚目（提供：STOP! インボイス）*全4枚のうち2枚目以降の掲載は省略

でにこの要請に対する見解を回答することも求めたが、期日までに回答は無かった。結局、回答があったのは期日から 26 日も経過した 12 月 18 日。しかも、中身はこれまで同様のゼロ回答であった。

　そして、ご存知の通り 2024 年に入ってもインボイス制度は続いている。運用停止・中止の気配すら無い。今現在も零細事業者をじわじわと追い詰められ、限界が来たところで静かに市場から姿を消している。

　最後に、1 章で紹介したインボイス導入後の悪影響の連鎖を整理した【図 5】を再掲する。

　あらゆる業種の事業者の収支が悪化し、小規模の個人事業主の廃業が続出しており、一連の流れの左半分に相当する内容はすでに着実に進行していることがお分かり頂けただろう。問題はその先である。今後、インボイスを理由とする事務負担や納税額の増大による収支悪化がさらに本格化したり、市場の寡占化が進んで適正な価格競争が阻害されれば、さらなる物価上昇を引き起こす。加えて、期間限定の負担軽減策は制度開始 3 年後および 6 年後に順次終了すれば、事態はさらに悪化する。円安や景気後退を理由とする既存の物価上昇に、インボイス増税を原因とする新たな物価上昇が重なるのだ。つまり、私たちはまだまだ地獄の入り口に立ったばかり。この地獄から引き返す道は、インボイス制度の中止のみだ。

## 【図 5】インボイス導入後の悪影響の連鎖

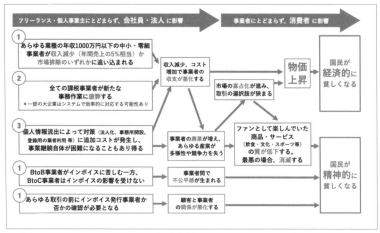

＊丸数字は「【図 3】インボイス導入による被害の全体像」で示した 3 項目（①弱い立場への税の押し付け合い　②事務負担の増大　③個人情報の流出）に対応

## 参考資料　市民運動の記録

　制度開始前から様々な団体がインボイス制度の問題点を訴え続けていた証拠として、筆者が 2024 年 2 月現在までに現地参加した主なイベントを時系列で掲載する。

　筆者がインボイス制度を取り扱い始めた 2022 年 4 月以降に限る。ちなみに STOP! インボイスがオンライン署名を立ち上げたのは、それより約 4 ヶ月早い 2021 年 12 月。

*本編で紹介済みのイベントの写真掲載は基本的に省略する

*主に 5 章で指摘した通り、いわゆる「絵になるイベント」（大規模デモ、署名提出記者会見等）を除いて、大手メディアの現地参加は基本的に毎回ゼロ

## 2022 年

**6 月 9 日**　インボイス制度の中止を求める税理士の会 記者会見 & 国会懇談会（衆議院第 2 議員会館）

・名前の通りインボイスに反対する税理士が立ち上げた団体が制度の問題点を指摘。この時点で益税をめぐる誤解について入湯税との比較も交えて具体的に解説していた

*同会はこれ以降も継続して専門家の立場から STOP! インボイスの活動を支え続けた。2023 年 7 月 20 日時点で賛同する税理士は 586 名

**8 月 8 日**　インボイス制度に関する声明及び質問書提出 記者会見（衆議院第 2 議員会館）

・公平な税制を求める市民連絡会（共同代表:宇都宮健児氏）が主催し、財務省に 6 つの懸念点（導入時期、零細事業者の不利益、個人情報保護等）について質問書で申し入れを行うも、官僚からはほぼゼロ回答

・申し入れ結果を直後の記者会

【写真 29】2022 年 6 月 9 日インボイス制度の中止を求める税理士の会 記者会見　*左から佐々木淳一氏、平井志穂子氏、高橋紀充氏

【写真 30】2022 年 8 月 8 日インボイス制度に関する声明及び質問書提出 記者会見　*右から 2 人目が宇都宮健児氏

見で報告。会見では J2 の大半の選手は年俸 1000 万円以下の免税事業者であることから J リーガーを含むプロスポーツ選手も当事者になることも指摘された

**10 月 1 日** STOP! インボイス 銀座ピクニック（いわゆる反対デモ）
・制度開始のちょうど 1 年前、初めての野外デモ
・50 人以上が参加し、日比谷公園を出発して有楽町駅や銀座周辺をデモ行進

【写真 31】2022 年 10 月 1 日銀座ピクニック 数寄屋橋交差点横断時

**10 月 26 日** STOP! インボイス 日比谷 MEETING # 私が STOP インボイスの声をあげる理由（日比谷野外音楽堂）
・初めての大規模イベントということもあり、これまでと一転して大手メディアのテレビカメラや記者が多数参加。NHK とテレビ朝日は集会の映像を報道
・約 1200 人が参加

【写真 32】2022 年 10 月 26 日日比谷 MEETING 客席

**11 月 2 日** インボイス制度の中止を求める税理士の会 国会懇談会（衆議院第 1 議員会館）
・基調講演では阿部徳幸税理士（日本大学法学部教授）が益税の誤解を東京地裁判例に基づいて解説

**11 月 16 日** エンタメ 4 団体合同 インボイス制度見直しを求める記者会見（日比谷図書文化館）
・VOICTION（声優）、アニメ業界の未来を考える会（アニメーター）、インボイス制度を考える演劇人の会、インボイス制度について考える

【写真 33】2022 年 10 月 26 日日比谷 MEETING 登壇者

フリー編集（者）と漫画家の会が主催し、各業界のインボイス制度に関するアンケート結果を発表

・同日にインボイス超党派議連の設立総会が近隣の議員会館で続けて開催されたこともあり、NHK やテレビ朝日などの大手メディアも参加

# 2023 年

**2 月 13 日**　STOP! インボイス制度見直しを求める業界横断記者会見（衆議院第 2 議員会館）

・オンライン署名 18 万 162 筆を STOP! インボイスが財務省に提出

・各業界（ライブハウス、野菜卸、映像クリエーター、ヨガインストラクター等）の当事者がインボイス制度について問題提起

・大手メディアのテレビカメラは TBS のみ参加したが、報道は確認できず

**3 月 30 日**　インボイス制度の中止を求める税理士の会 国会決起集会（衆議院第 1 議員会館）

・国会議員、税理士を中心にリレートーク

・現職与党議員（自民党 泉田裕彦氏）が初めて参加し、インボイス制度が弱者に負担を押し付け廃業を増やす点を問題視していることを表明

**3 月 30 日**　インボイス止めたいみんなで初スピーチ（衆議院第 2 議員会館前）

・直前の国会決起集会に続けて、議員会館前で初のオープンマイク街宣を実施

・税理士、フリーランスを始め

【写真 34】2022 年 11 月 16 日エンタメ 4 団体合同 インボイス制度見直しを求める記者会見

【写真 35】2022 年 2 月 13 日インボイス制度見直しを求める業界横断記者会見　＊左端に手だけ映るのが手交相手の官僚（6 章で紹介した経緯で顔出し NG・匿名の条件で参加）

【写真 36】2023 年 3 月 30 日インボイス制度の中止を求める税理士の会 国会決起集会　＊終盤に参加者一同で「STOP! インボイスとシュプレヒコールした場面

当事者がマイクを握った

**5月18日**　史上最大の STOP!
インボイス大作戦……のため
の作戦会議（新宿ロフト プラ
スワン）
・約1ヶ月後に予定する国会前デ
　モを見据えたトークイベント
・インボイスに反対する国会議
　員、様々な業界の当事者が
　登壇して意見交換

**6月14日**　増税もう無理！
STOP! インボイス全国一揆（国
会前 等）
・国会議員に加えて、軽貨物ド
　ライバー、野菜農家、作家、
　音楽家、一人親方など様々
　な当事者がスピーチ
・国会前デモには約1500人が
　参加
・大手メディアのテレビカメラ
　は TBS のみ参加したが、報
　道は確認できず
・同時刻に全国約20箇所（大阪、
　京都、愛知、富山、三重、山形、
　香川、群馬、神奈川、兵庫、
　福岡）でスタンディングデ
　モ、街頭スピーチ、国会前
　デモ視聴会等を実施
＊2章で紹介済みのため写真は
　省略

【写真37】2023年3月30日インボイス止めたいみんなで初スピーチに登壇する湖東京至税理士

【写真38】2023年5月18日 史上最大の STOP! インボイス大作戦……のための作戦会議　＊左から阿部伸氏（MC）、安藤裕 元衆議院議員（自民党）、多ヶ谷亮 衆議院議員（れいわ）、山添拓 参議院議員（共産）、落合貴之 衆議院議員（立憲）、岡本麻弥氏（MC）

**6月22日**　クールジャパンを
壊すインボイス制度の中止を求める記者会見（外国特派員協会）
・黙殺が続く国内メディアに見切りをつけて外国メディア向けにアニメーター、声優、税理士らが制度の問題
　点を説明
・国内大手メディアのテレビカメラはフジテレビ、テレビ朝日が参加し、会見の映像を報道
＊5章で紹介済みのため写真は省略

**9月4日**　インボイス制度の中止・延期を求める緊急提言記者会見（衆議院第1議員会館）
・オンライン署名36万1171筆を STOP! インボイスが関係省庁に提出
・緊急提言を発表
・これまでと一転して大手メディアのテレビカメラが多数（NHK、日本テレビ、テレビ朝日、テレビ東京等）参加
＊7章で紹介済みのため写真は省略

**9月25日**　税理士、司法書士ら専門家が消費税・インボイス制度への認識をメディアに問う公開質問状 記者会見（衆議院第2議員会館）
・同日の官邸前デモの直前に実施
・消費税（益税）やインボイス導入根拠について大手メディアの不正確な報道が続く実態を踏まえて、専門家がNHKやテレビ朝日を始めとする大手メディアに順次公開質問状を送付していく考えを発表
・大手メディアのテレビカメラはTBSのみ参加したが、報道は確認できず
*5章に掲載した筆者の同年1月の公開質問と趣旨は基本的に同じ。また、その後にまともな回答が返ってこなかったことも同じ。

**9月25日**　LISTEN TO OUR VOICE　岸田総理に STOP! インボイス 史上最多オンライン署名（50万超）の声を届けようアクション（首相官邸前）
・国内最多52万筆のオンライン署名を達成して実施した、制度開始前最後の大規模デモ
・大手メディアのテレビカメラが多数（NHK、日本テレビ、テレビ朝日、テレビ東京等）参加するも、翌日から署名受取拒否に焦点を当てた本質的ではない報道が過熱するきっかけにもなる
*7章で紹介済みのため写真は省略

**11月13日**　インボイス制度開始1ヶ月 緊急意識調査 結果報告記者会見（衆議院第2議員会館）
・STOP! インボイスが制度開始1ヶ月緊急調査の結果を発表
・関係省庁に要請書を手交
・2ヶ月前の会見と一転して、大手メディアのテレビカメラは確認できず。テレビ局の参加はローカル局（TOKYO MX）のみ
*8章で紹介済みのため写真は省略

# 2024年

**2月11日**　STOP! インボイス WINTER ACTION（新宿駅 東南口広場 等）
・これまでのオンライン署名とは別に、紙による請願署名集めを開始したことを受けて新宿でデモを実施。様々な当事者がスピーチ。
・大手メディアのテレビカメラはテレビ東京が参加し、映像を報道
・同時刻に他地域（愛知、大阪、山形、群馬等）でも請願署名集めと合わせて、サウンドデモ、街頭スピーチ、スタンディングデモ等を実施

【写真39】2024年2月11日 STOP! インボイス WINTER ACTION in 新宿　*通行人に請願署名を呼びかけながらデモを実施

# おわりに

2章の出版業界のくだりで説明した通り、実は、本書の出版は当初の目論見より1年近く遅れている。

筆者は2022年4月に制度の問題点に気づいて以降、一貫して「インボイスにまともな導入根拠はなく、（一般国民にとっては）百害あって一利なしの制度。ゆえに絶対に中止すべき」という立場であった。そのため、何としても2023年10月1日の制度開始より前に制度の問題点を指摘した書籍を出版して問題意識を広げたいと考え、2023年4月頃から多くの出版社に打診してきた。

しかし、それは実現しなかった。「自らも書き手にインボイス登録を依頼する立場になるため、制度を否定するテーマは扱いにくい」という理由で多くの出版社が尻込みしたからだ。最終的にはリスク覚悟で出版して頂ける出版社（皓星社）と2024年1月にようやく巡り会えたものの、インボイス制度は開始した後。すでに実害を被り始めた方々にとって本書の内容は今さら感があったかもしれない。しかし、逆に言えば制度開始前にここまで具体的に問題点は指摘され尽くしていたのに、政府も大手メディア（テレビ・新聞）も黙殺した結果、ほとんどの国民が実態を知らぬまま導入されてしまったということだ。

2024年2月現在、インボイスをテーマに出版された書籍はどれもがインボイス制度の継続を前提としたハウツー本であり、偽りの導入根拠に肯定的。そのため、せっかく書籍で制度を勉強しようと思い立った層にも実態が伝わりにくい。本書がそうした状況を変える小さなきっかけとなり、インボイス制度の一日も早い中止の実現に繋がることを願っている。

その一環として、本書の売上の一部はインボイス制度の中止を目指して今も活動を続ける、インボイス制度を考えるフリーランスの会（通称「STOP! インボイス」）に寄付する。

ただ、インボイスの開始を許してしまったことによって、一つだけ収穫もあったと筆者は考えている。それは、消費税をめぐる財務省の30年にわたる嘘に多くの国民が気づき始めたことだ。4章で説明した通り、消費税は名前も

成り立ちも嘘にまみれている。その嘘に基づいた一見もっともらしい理屈によって、収入に関係なく国民に一律の税負担を課す方針を国は正当化して貧富の差を拡大させ続けた。さらに、輸出大企業は輸出免税によって年間数千億円規模の莫大な還付金を得るという重大な矛盾も抱える。インボイス開始をきっかけにこうした消費税の実態に気付いた国民は多いだろう。筆者もその一人である。こうした小さな変化が、消費税そのものの見直しに繋がることも願っている。

　本書の1章〜6章は、筆者が2022年4月〜2023年5月に筆者のtheLetter「犬飼淳のニュースレター」等で公開した約30本の記事を加筆・再構成しています。今後も継続的に情報発信する予定のため、さらなる詳細や続報を知りたい場合は筆者のtheLetterを参照下さい。

　また、本書で紹介したイベント（記者会見、デモ、国会質疑等）は基本的に全て、筆者のYouTube「犬飼淳 / Jun Inukai」で映像を公開しています。特にデモや会見のスピーチは映像の方がはるかに臨場感が伝わるので、詳細を知りたい場合は筆者のYouTubeをご視聴下さい。

制作協力（コンテンツ提供）
　　　　インボイス制度を考えるフリーランスの会
　　　　VOICTION
装丁　　中村健（MO BETTER DESIGN）
イラスト　坂本伊久子
DTP　　藤巻亮一

**犬飼淳（いぬかい・じゅん）**

1985年生まれ。2018年から自ら考案した「信号無視話法」を用いて国会答弁を中心に政治に関する論考を発表。2021年からtheLetter「犬飼淳のニュースレター」を開始。前職の約10年に及ぶITコンサル経験を活かして、一般市民の生活に影響する政策や報道の複雑な問題点を直感的・視覚的に理解できるように工夫したスライドで解説。2022年から総理大臣記者会見に参加し、記者クラブ制度の問題点にも言及。直近では、神宮外苑再開発、マイナ保険証、英語スピーキングテスト（ESAT-J）都立校入試活用、国立大学法人法、能登半島地震、共同親権など、インボイス以外にも多岐にわたる分野の記事を発表。本書が初の著書。

犬飼淳のニュースレター　https://juninukai.theletter.jp/

# インボイスは廃止一択
### 消費税の嘘がよくわかる本

2024年6月6日　初版発行

|  |  |
|---|---|
| 著　者 | 犬飼　淳 |
| 発行所 | 株式会社 皓星社 |
| 発行者 | 晴山生菜 |

〒101-0051　東京都千代田区神田神保町3-10-601
電話:03-6272-9330　FAX:03-6272-9921
URL:https://www.libro-koseisha.co.jp/
E-mail:book-order@libro-koseisha.co.jp

印刷・製本　精文堂印刷株式会社
ISBN978-4-7744-0827-9 C0036